베스트 논술 한국 대표문학 4

감자

김동인

시골 황서방 / 눈을 겨우 뜰 때 / 광화사 / 붉은 산 / 김연실전

SR&B(새로본닷컴)

신사임당의 〈가지〉

〈베스트 논술 한국대표문학(전60권)〉을 펴내며

어린 시절의 독서는 평생의 이성과 열정을 보장해 줄 에너지의 탱크를 채우는 일입니다. 인생의 지표를 세울 수 있는 가장 믿을 만한 방법이기도 합니다.

새로 접하는 사물의 이치를 터득하려면 그 정보를 대뇌 속에 담는 프로그램이 마련되어 있어야 합니다. 그 프로그램을 구축하는 가장 효과적인 방법이 지속적인 독서입니다. 독서는 책과 나의 쌍방향적인 대화이며 만남이며 스킨십입니다.

그러나 단순한 독서만으로는 생각하는 힘과 정확히 표현하는 힘을 키울 수 없습니다. 〈베스트 논술 한국대표문학〉은 이에 유의하여 다음과 같이 편찬하였습니다.

① 초 · 중 · 고 교과서에 실린 고전 및 현대 문학 작품부터 〈삼국유사〉, 〈난중일기〉, 〈목민심서〉 등 우리의 정신을 일깨워 주고 우리에게 지혜와 용기를 준 '위대한 한국 고전'에 이르기까지 한 권 한 권을 가려 뽑았습니다.

② 각 권의 내용과 특성을 분석하여, '작가와 작품 스터디', '논술 가이드' 등을 덧붙여 생각하는 힘, 표현하는 힘을 키울 수 있도록 각 분야의 권위 학자, 논술 전문가들이 심혈을 기울였습니다.

③ 특히 현대 문학 부문은 최근 학계에서, 이 때까지의 오류를 바로잡아 정확한 텍스트를 확정한 것을 반영하였고, 고전 부문은 쉽고 아름다운 현대 국어로 재현하였습니다.

④ 각 작품에 관련된 작가의 고향을 비롯한 작품의 배경, 작품의 참고 자료 등을 일일이 답사 촬영하거나 수집 · 정리하여 화보로 꾸몄고, 각 작품의 갈피갈피마다 아름다운 그림을 넣어, 작품에 좀더 친근감 있게 접근할 수 있도록 하였습니다.

이 〈베스트 논술 한국대표문학〉이 여러분이 '큰 사람', '슬기로운 사람'이 되는 데 충실한 밑거름이 되기를 바랍니다.

〈베스트 논술 한국대표문학〉 편찬위원회

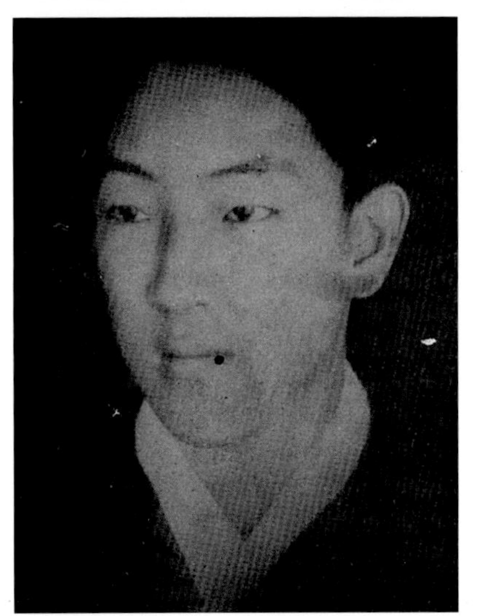

일본 유학생 시절의 김동인

20대의 김동인

부여 고란사에서의 김동인(오른쪽)

유적지에서의 김동인

김동인 상

〈광화사〉의 표지

김동인이 창간한 〈창조〉

김동인의 결혼 사진

서울역 플랫폼에서

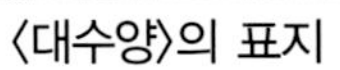
〈대수양〉의 표지

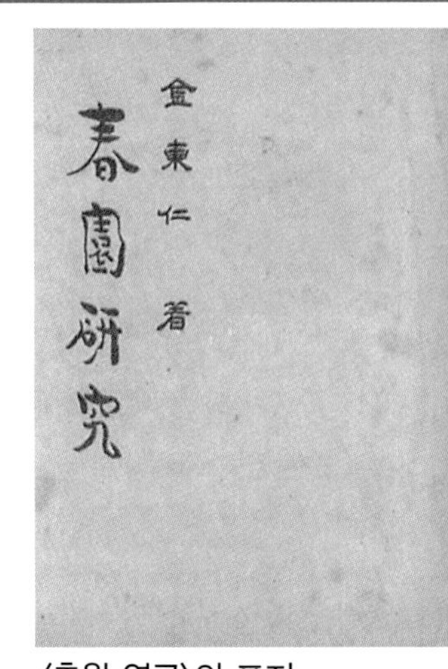

〈춘원 연구〉의 표지

〈감자〉의 표지

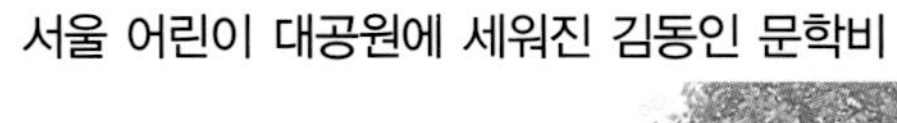
서울 어린이 대공원에 세워진 김동인 문학비

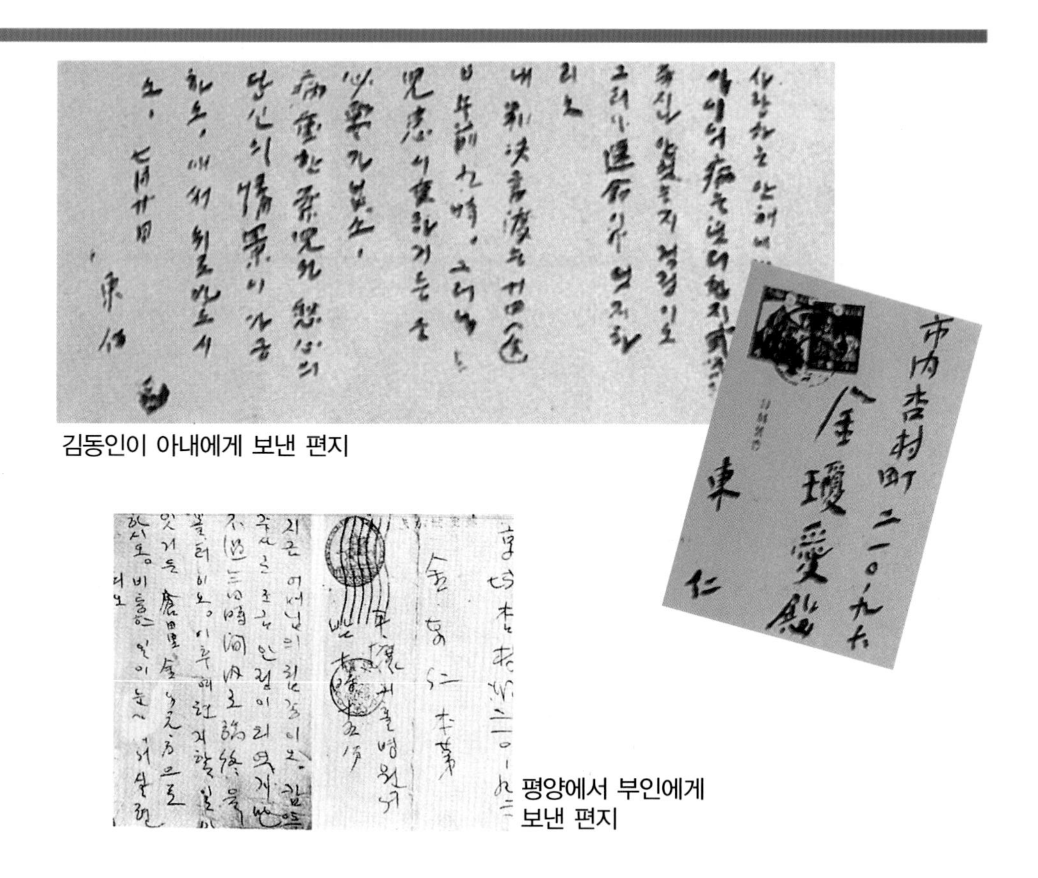

김동인이 아내에게 보낸 편지

평양에서 부인에게
보낸 편지

김동인 문학비의 뒷면에 새겨진 글

차례

감자

감자

싸움, 간통, 살인, 도둑, 징역, 이 세상의 모든 비극과 활극의 근원지인 칠성문 밖 빈민굴로 오기 전까지는, 복녀의 부처(사농공상*의 제2위에 드는)는 농민이었다.

복녀는 원래 가난은 하나마 정직한 농가에서 규칙 있게 자라난 처녀였다. 이전 선비의 엄한 규율은 농민으로 떨어지자부터 없어졌다 하나, 그러나 어딘지는 모르지만 딴 농민보다는 좀 똑똑하고 엄한 규율이 그의 집에 그냥 남아 있었다.

그 가운데서 자라난 복녀는 물론, 다른 집 처녀들과 같이 여름에는 벌거벗고 개울에서 멱감고, 바짓바람으로 동네를 돌아다니는 것을 예사로 알기는 알았지만, 그러나 그의 마음 속에는 막연하나마 도덕이라는 것에 대한 저픔*을 가지고 있었다.

그는 열다섯 살 나는 해에 동네 홀아비에게 팔십 원에 팔려서 시집이

* 사농공상(士農工商) 봉건 사회의 네 가지 사회 계급. 곧, 선비, 농부, 장인, 상인을 말함.
* 저픔 '두려움'의 옛말.

라는 것을 갔다. 그의 새 서방(영감이라는 편이 적당할까.)이라는 사람은 그보다 이십 년이나 위로서, 원래 아버지의 시대에는 상당한 농민으로서 밭도 몇 마지기가 있었으나, 그의 대로 내려오면서는 하나 둘 줄기 시작하면서, 마지막에 복녀를 산 팔십 원이 그의 마지막 재산이었다. 그는 극도로 게으른 사람이었다. 동네 노인의 주선으로 소작 밭깨나 얻어 주면, 종자만 뿌려 둔 뒤에는 후치질*도 안 하고 김도 안 매고 그냥 내버려 두었다가는 가을에 가서는 되는 대로 거두어 '금년은 흉년이네.' 하고 전주 집에는 가져도 안 가고 자기 혼자 먹어 버리고 하였다. 그러니까 그는 한 밭을 이태를 연하여 붙여 본 일이 없었다. 이리하여 몇 해를 지내는 동안 그는 그 동리에서는 밭을 못 얻으리 만큼 인심을 잃고 말았다.

복녀가 시집을 온 뒤, 한 삼사 년은 장인의 덕으로 이렁저렁 지나갔으나, 이전 선비의 꼬리인 장인도 차차 사위를 밉게 보기 시작하였다. 그들은 처가에까지 신용을 잃게 되었다.

그들 부처는 여러 가지로 의논하다가 하릴없이 평양성 안으로 막벌이로 들어왔다. 그러나 게으른 그에게는 막벌이나마 역시 되지 않았다. 하루 종일 지게를 지고 연광정에 가서 대동강*만 내려다보고 있으니, 어찌 막벌이인들 될까. 한 서너 달 막벌이를 하다가, 그들은 요행 어떤 집 막간(행랑)살이로 들어가게 되었다.

그러나 그 집에서도 얼마 안 하여 쫓겨나왔다. 복녀는 부지런히 주인 집 일을 보았지만 남편의 게으름은 어찌할 수가 없었다. 매일 복녀는 눈에 칼을 세워 가지고 남편을 채근하였지만, 그의 게으른 버릇은 개를 줄 수는 없었다.

* **후치질** 김을 매어 두둑 사이의 골이나 그 사이의 흙을 부드럽게 하는 일.
* **대동강**(大同江) 평안 남도에 있는 우리 나라에서 다섯째로 긴 강. 길이 439km.

대동강

"벳섬 좀 치워 달라우요."
"남 졸음 오는데 님자 치우시관."
"내가 치우나요?"
"이십 년이나 밥 먹구 그걸 못 치워!"
"에이구, 칵 죽구나 말디."
"이년, 뭘!"
이러한 싸움이 그치지 않다가 마침내 그 집에서도 쫓겨나왔다.
이젠 어디로 가나? 그들은 하릴없이 칠성문 밖 빈민굴로 밀리어 나오게 되었다.
칠성문 밖을 한 부락으로 삼고 그 곳에 모여 있는 모든 사람들의 정업* 은 거러지요, 부업으로는 도둑질(자기네끼리의)과 매음, 그 밖의 이 세상의 모든 무섭고 더러운 죄악이었다. 복녀도 그 정업으로 나섰다.

그러나 열아홉 살의 한창 좋은 나이의 여편네에게 누가 밥인들 잘 줄까.
"젊은 거이 거랑은 왜?"
그런 소리를 들을 때마다 그는 여러 가지 말로, 남편이 병으로 죽어 가거니 어쩌거니 핑계는 대었지만, 그런 핑계에는 단련된 평양 시민의 동정은 역시 살 수가 없었다. 그들은 이 칠성문 밖에서도 가장 가난한 사람 가운데 드는 편이었다. 그 가운데서 잘 수입되는 사람은 하루에 오 리짜리 돈뿐으로 일 원 칠팔십 전의 현금을 쥐고 돌아오는 사람까지 있었다. 극단으로 나가서는 밤에 돈벌이 나갔던 사람은 그 날 밤 사백여 원을 벌어 가지고 와서 그 근처에서 담배 장사를 시작한 사람까지 있었다.
복녀는 열아홉 살이었다. 얼굴도 그만하면 빤빤하였다. 그 동리 여인

* 정업(正業) 일정한 직업.

들이 보통 하는 일을 본받아서 그도 돈벌이 좀 잘 하는 사람의 집에라도 간간 찾아가면 매일 오륙십 전은 벌 수가 있었지만, 선비의 집안에서 자라난 그는 그런 일을 할 수가 없었다.

그들 부처는 역시 가난하게 지냈다. 굶는 일도 흔히 있었다.

기자묘 솔밭에 송충이가 끓었다. 그 때 평양*부에서는 그 송충이를 잡는 데(은혜를 베푸는 뜻으로) 칠성문 밖 빈민굴의 여인들을 인부로 쓰게 되었다.

빈민굴 여인들은 모두 다 지원을 하였다. 그러나 뽑힌 것은 겨우 오십 명쯤이었다. 복녀도 그 뽑힌 사람 가운데 한 사람이었다.

복녀는 열심으로 송충이를 잡았다. 소나무 사다리를 놓고 올라가서는, 송충이를 집게로 집어서 약물에 잡아 넣고 잡아 넣고, 그의 통은 잠깐 새에 차고 하였다. 하루에 삼십이 전씩의 공전이 그의 손에 들어왔다.

그러나 대엿새 하는 동안에 그는 이상한 현상을 하나 발견하였다. 그것은 다른 것이 아니라, 젊은 여인부 한 여남은 사람은 언제나 송충이는 안 잡고 아래서 지절거리며 웃고 날뛰기만 하고 있는 것이었다. 뿐만 아니라, 그 놀고 있는 인부의 공전은, 일하는 사람의 공전보다 더 많이 내어 주는 것이다.

감독은 한 사람뿐이지만 감독도 그들이 놀고 있는 것을 묵인할 뿐 아니라, 때때로는 자기까지 섞여서 놀고 있었다.

어떤 날 송충이를 잡다가 점심때가 되어서, 나무에서 내려와서 점심을 먹고 다시 올라가려 할 때에 감독이 그를 찾았다.

* **평양**(平壤) 평안 남도의 남서부 대동강 하류에 있는 시. 우리 나라에서 가장 오랜 역사를 지닌 도시.

평양

"복네! 얘, 복네!"
"왜 그릅네까?"
그는 약통과 집게를 놓은 뒤에 돌아섰다.
"좀 오너라."
그는 말없이 감독 앞에 갔다.
"얘, 너, 음…… 데 뒤 가 보지 않갔니?"
"뭘 하레요?"
"글쎄, 가자……."
"가디요, 형님."
그는 돌아서면서 인부들 모여 있는 데로 고함쳤다.
"형님두 갑세다가레."

"싫다 얘, 둘이서 재미나게 가는데, 내가 무슨 맛에 가갔니?"

복녀는 얼굴이 새빨갛게 되면서 감독에게로 돌아섰다.

"가 보자."

감독은 저편으로 갔다. 복녀는 머리를 수그리고 따라갔다.

"복네 좋갔구나."

뒤에서 이러한 고함 소리가 들렸다. 복녀의 숙인 얼굴은 더욱 발갛게 되었다. 그 날부터 복녀도 '일 안 하고 공전 많이 받는 인부'의 한 사람으로 되었다.

복녀의 도덕관 내지 인생관은 그 때부터 변하였다. 그는 아직껏 딴 사내와 관계를 한다는 것을 생각해 본 일도 없었다. 그것은 사람의 일이 아

니요, 짐승이 하는 것쯤으로 알고 있었다. 혹은 그런 일을 하면 탁 죽어지는지도 모를 일로 알았다.

그러나 이런 이상한 일이 어디 다시 있을까. 사람인 자기도 그런 일을 한 것을 보면, 그것은 결코 사람으로 못 할 일이 아니었다. 게다가 일 안 하고도 돈 더 받고, 긴장된 유쾌가 있고, 빌어먹는 것보다 점잖고…….

일본말로 하자면 '삼박자' 같은 좋은 일은 이것뿐이었다. 이것이야말로 삶의 비결이 아닐까. 뿐만 아니라 이 일이 있은 뒤부터, 그는 처음으로 한 개 사람이 된 것 같은 자신까지 얻었다.

그 뒤부터는, 그의 얼굴에는 조금씩 분도 바르게 되었다.

일 년이 지났다. 그의 처세*의 비결은 더욱더 순탄히 진척되었다. 그의 부처는 이제 궁하게 지내지는 않게 되었다. 그의 남편은, 이것이 결국 좋은 일이라는 듯이 아랫목에 누워서 벌신벌신 웃고 있었다.

복녀의 얼굴은 더욱 예뻐졌다.

"여보, 아즈바니, 오늘은 얼마나 벌었소?"

복녀는 돈 좀 많이 번 듯한 거러지를 보면 이렇게 찾는다.

"오늘은 많이 못 벌었쉐다."

"얼마?"

"도무지 열서너 냥."

"많이 벌었쉐다가레. 한 댓 냥 꿰 주소고래."

"오늘은 내가……."

어쩌고 어쩌고 하면, 복녀는 곧 뛰어가서 그의 팔에 늘어진다.

"나한테 들킨 댐에는 꿔구야 말아요."

"나 원, 이 아즈마니 만나문 야단이더라. 자, 꿰주디. 그 대신, 응? 알

* 처세(處世) 세상 사람들과 사귀며 살아감.

아 있디?"

"난 몰라요. 해해해해."

"모르문, 안 줄 테야."

"글쎄, 알았대두 그른다."

그의 성격은 이만큼까지 진보*되었다.

가을이 되었다. 칠성문 밖 빈민굴의 여인들은 가을이 되면 칠성문 밖에 있는 중국인의 채마밭에 감자(고구마)며 배추를 도적질하러 밤에 바구니를 가지고 간다. 복녀도 감자깨나 잘 도적질해 왔다.

어떤 날 밤, 그는 고구마를 한 바구니 잘 도적질하여 가지고, 이젠 돌아오려고 일어설 때에, 그의 뒤에 시꺼먼 그림자가 서서 그를 꽉 붙들었다. 보니 그것은 그 밭의 소작인인 중국인 왕 서방이었다. 복녀는 말도 못 하고 멀진멀진 발 아래만 내려다보고 있었다.

"우리 집에 가."

왕 서방은 이렇게 말하였다.

"가재문 가디. 훤, 것두 못 갈까."

복녀는 엉덩이를 한 번 홱 두른 뒤에 머리를 젓히고 바구니를 저으면서 왕 서방을 따라갔다.

한 시간쯤 뒤에 그는 왕 서방의 집에서 나왔다. 그가 밭고랑에서 길로 들어서려 할 때에, 문득 뒤에서 누가 그를 찾았다.

"복네 아니야?"

복녀는 홱 돌아서 보았다. 거기는 자기 곁집 여편네가 바구니를 끼고 어두운 밭고랑을 더듬더듬 나오고 있었다.

"형님이댔쉐까? 형님두 들어갔댔쉐까?"

* 진보(進步) 사물이 차차 발달함.

"뇜자두 들어갔댔나?"
"형님은 뉘 집에?"
"나? 눅 서방네 집에. 뇜자는?"
"난 왕 서방네……, 형님 얼마 받았소?"
"눅 서방네 그 깍쟁이놈, 배추 세 페기……."
"난 삼 원 받았다."
복녀는 자랑스러운 듯이 대답하였다.

십 분쯤 뒤에 그는 자기 남편과, 그 앞에 돈 삼 원을 내놓은 뒤에, 아까 그 왕 서방의 이야기를 하면서 웃고 있었다.

그 뒤부터 왕 서방은 무시로* 복녀를 찾아왔다. 한참 왕 서방이 눈만 멀진멀진 앉아 있으면, 복녀의 남편은 눈치를 채고 밖으로 나간다. 왕 서방이 돌아간 뒤에는 그들 부처는, 일 원 혹은 이 원을 가운데 놓고 기뻐하고 하였다.
복녀는 차차 동리 거지들한테 애교를 파는 것을 중지하였다. 왕 서방이 분주하여 못 올 때가 있으면 복녀는 스스로 왕 서방의 집까지 찾아갈 때도 있었다. 복녀의 부처는 이제 이 빈민굴의 한 부자였다.
그 겨울도 가고 봄이 이르렀다. 그 때 왕 서방은 돈 백 원으로 어떤 처녀를 하나 마누라로 사오게 되었다.
"흥!"
복녀는 다만 코웃음만 쳤다.
"복녀, 강짜*하갔구만."
동리 여편네들이 이런 말을 하면 복녀는 흥 하고 코웃음을 웃고 하였다.

* 무시(無時)로 아무 때나
* 강짜 지나치게 시기하는 것..

내가 강짜를 해? 그는 늘 힘있게 부인하고 하였다. 그러나 그의 마음에 생기는 검은 그림자는 어찌할 수가 없었다.

"이놈 왕 서방, 네 두고 보자."

왕 서방이 색시를 데려오는 날이 가까웠다. 왕 서방은 아직껏 자랑하던 기다란 머리를 깎았다. 동시에 그것은 새색시의 의견이라는 소문이 쫙 퍼졌다.

"흥!"

복녀는 역시 코웃음만 쳤다.

마침내 색시가 오는 날이 이르렀다. 칠보 단장에 사인교*를 탄 색시가 칠성문 밖 채마밭 가운데 있는 왕 서방의 집에 이르렀다.

밤이 깊도록 왕 서방의 집에는 중국인들이 모여서 별한 악기를 뜯으며 별한 곡조로 노래하며 야단하였다. 복녀는 집 모퉁이에 숨어 서서 눈에 살기를 띠고 방 안의 동정을 듣고 있었다.

다른 중국인들은 새벽 두 시쯤 하여 돌아가는 것을 보면서 복녀는 왕 서방의 집 안에 들어갔다. 복녀의 얼굴에는 분이 하얗게 발려 있었다.

신랑 신부는 놀라서 그를 쳐다보았다. 그것을 무서운 눈으로 흘겨보면서 그는 왕 서방에게 가서 팔을 잡고 늘어졌다. 그의 입에서는 이상한 웃음이 흘렀다.

"자, 우리 집으로 가요."

왕 서방은 아무 말도 못하였다. 눈만 정처 없이 두룩두룩하였다. 복녀는 다시 한 번 왕 서방을 흔들었다.

"자, 어서."

"우리, 오늘 밤 일이 있어 못 가."

"일은 밤중에 무슨 일?"

"그래두, 우리 일이……."

복녀의 입에 아직껏 떠돌던 이상한 웃음은 문득 없어졌다.

"이까짓 것."

그는 발을 들어서 치장한 신부의 머리를 찼다.

"자, 가자우, 가자우."

왕 서방은 와들와들 떨었다. 왕 서방은 복녀의 손을 뿌리쳤다.

복녀는 쓰러졌다. 그러나 곧 다시 일어섰다. 그가 다시 일어설 때는, 그의 손에 얼른얼른하는 낫이 한 자루 들려 있었다.

---

* 사인교(四人轎) 앞뒤에 각각 두 사람씩 네 사람이 메는 가마.

"이 되놈, 죽어라, 죽어라, 이놈, 나 때렸디! 이놈아, 아이구, 사람 죽이누나."

그는 목을 놓고 처울면서 낫을 휘둘렀다. 칠성문 밖 외딴 밭 가운데 홀로 서 있는 왕 서방의 집에서는 일장의 활극이 일어났다. 그러나 그 활극도 곧 잠잠하게 되었다. 복녀의 손에 들려 있던 낫은 어느덧 왕 서방의 손으로 넘어가고, 복녀는 목으로 피를 쏟으면서 그 자리에 고꾸라져 있었다.

복녀의 송장은 사흘이 지나도록 무덤으로 못 갔다. 왕 서방은 몇 번을 복녀의 남편을 찾아갔다. 복녀의 남편도 때때로 왕 서방을 찾아갔다. 둘

의 사이에는 무슨 교섭하는 일이 있었다.

사흘이 지났다.

밤중에 복녀의 시체는 왕 서방의 집에서 남편의 집으로 옮겼다.

그리고 시체에는 세 사람이 둘러앉았다. 한 사람은 복녀의 남편, 한 사람은 왕 서방, 또 한 사람은 어떤 한방 의사 — 왕 서방은 말없이 돈주머니를 꺼내어 십 원짜리 지폐 석 장을 복녀의 남편에게 주었다. 한방 의사의 손에도 십 원짜리 두 장이 갔다.

이튿날 복녀의 시체는 뇌일혈로 죽었다는 한방의 진단으로 공동 묘지로 가져갔다.

시골 황 서방

황 서방이 사는 X촌은, 그 곳서 그 중 가까운 도회에서 오백칠십 리가 되고, 기차 연변에서 삼백여 리이며, 국도에서 일백오십 리가 되는, 산골 조그만 마을이었다.

금년에 사십여 세에 난 황 서방이, 아직 양복쟁이라고는 헌병과 순사와 측량 기수밖에는 못 본 만큼 그 X촌은 궁벽한* 곳이었다. 그리고 또한 그 곳에서 십 리 안팎 되는 곳은 모두 친척과 같이 지내며 밤에 마을을 서로 다니느니만큼 인가가 드문 곳이었다.

산에서 호랑이가 내려와서 사람을 물어 갈지라도, 그 일이 신문에서도 안 나리만큼 외딴 곳이었다. 돈이라 하는 것은 십 원짜리 지전을 본 것을 자랑삼느니만큼, 그 동리는 생활의 위협이라는 것을 모르는 마을이었다.

한 마디로 말하자면, 그 동리는 순박하고 질소하고* 인심 후하고 평화로운 — 원시인의 생활이라 하여도 좋을 만한 살림을 하는 마을이었다.

* 궁벽(窮僻)하다 후미지고 으슥하다.
* 질소(質素)하다 꾸밈이 없고 수수하다.

이러한 X촌에, 이즈음 한 가지의 괴변*이 생겨났다.

X촌에 이즈음, 소위 도회 사람이라는 어떤 양복쟁이가 하나 뛰쳐들었다. 그 사람은 황 서방의 집에 주인을 잡았다. 그 동리 사람들은 모두 황 서방네 집으로 쓸어들었다. 그리고 그 도회 사람의 별스러운 옷이며 신이며 갓(염치를 불구하고)을 주물러 보며, 마치 그 사람은 조선말을 모르리라는 듯이 곁에 놓고 이리저리 비평을 하며 야단법석하였다. 황 서방은 자랑스러운 듯이(우연히 제집으로 뛰쳐들어온) 그 손님에게 구린내나는 담배며 그 때 갓 쪄온 옥수수며를 대접하며, 모여드는 동리 사람에게 그 도회 사람이 자기 집에 들어올 때의 거동*을 설명하며 야단하였다.

며칠이 지났다.

그 도회 사람이 모여드는 이 지방 사람에게 설명한 바에 의하건대, 그는 '흙냄새'를 그려서 이 곳까지 왔다 한다.

— 여러분들은, 흙냄새라는 것을 — 그 향기로운 흙냄새를 맡고 계셨기에 이렇게 몸이 튼튼합니다. 아아, 그 흙의 향내 — 여보시오, 도회에 가 보오. 에이구! 사람 냄새, 가솔린 냄새, 하수도 냄새, 게다가 자동차, 마차, 인력거가 여기 번쩍 저기 번쩍 — 참 도회에 살면 흙냄새가 그립소. 땅이 활개를 펴고 기지개를 하는 봄날 무럭무럭 떠오르는 흙의 향내를 늘 맡고 사는 당신네들의 행복은 참으로 도회인은 얻지 못할 행복이외다. 몇 해를 벼르다 나는 종내 참지 못하여 이렇게 왔소. 이제부터는 나도 당신들의 동무요…….

도회 사람은 이렇게 말하였다.

황 서방은 이 도회 사람(우리는 그를 Z씨라 부르자.)의 말 가운데서 세 마디를 알아들었다.

* 괴변(怪變) 괴상한 재난이나 사고.
* 거동(擧動) 행동하는 짓이나 태도.

자동차와 인력거 — 황 서방이 이전에 무슨 일로 백오십 리를 걸어서 국도까지 갔을 때(그 때는 밤이었는데), 저편에서 시뻘건 두 눈깔을 번득이며, 이상한 소리를 내면서 달려오는 괴물을 보았다. 영리한 황 서방은 물론 그것이 사람이 타고 다니는 것임은 짐작하였다. 그러나 X촌에 돌아온 뒤에는, 황 서방의 입을 통하여 퍼진 소문으로 그것이 한 괴물로 되었다. 방귀를 폴싹폴싹 뀌며 땅을 울리면서 달아나는 괴물로 소문이 퍼진 것이었다.

인력거라는 것은 그 이튿날 보았다.

그리고 그 두 가지는 다(Z씨의 말을 듣고 생각하여 보매) 과시 사람의 생명을 위협하는 무서운 물건일 것이었다.

또 한 가지, 사람의 냄새가 역하다는 것. 사실, X촌에 잔칫집이라도 있어서 수십 인씩 모이면, 역하고 고약한 냄새가 그 방 안에 차고 하던 것을 황 서방은 보았다. 그러매, 몇십만(십만이 백의 몇 곱인지는 주판을 놓아 보지 않고는 똑똑히 모르거니와)이라는, 짐작컨대 억조 동그라미와 같은 우글거릴 도회에서는 상당히 역한 냄새가 날 것이었다.

그 밖에는, 황 서방에게는 한 마디도 모를 말이었다. 흙냄새가 그립다 하나, 흙냄새도 상당히 구린 것이었다. 봄날 흙냄새(거름을 한 지 오래지 않으므로)는 더욱 구린 것이다.

전차, 하수도, 가솔린, 이런 것은 어떤 것인지 황 서방은 짐작도 못하였다.

그러나 황 서방은 Z씨의 말을 믿었다. 저는 시골밖에는 모르고 Z씨는 시골과 도회를 다 보고 한 말이매, 그 사람의 말이 옳을 것은 당연한 것이다. 흙냄새가 아무리 구리다 할지라도 도회 냄새보단 좋을 것이다 — 황 서방은 믿었다.

— 길에 하루 종일 자빠져 있으니, 시골서는 자동차에 치일 걱정이 있

겠소? 순사에게 쫓겨갈 걱정이 있겠소?

그것도 또한 사실이고 당연한 말이었다. 황 서방은 그러한 시골서 태어난 자기를 행복스럽다 하였다.

그러나 서너 달 뒤에 그 Z씨는 시골에 대하여 온갖 욕설을 다하고 다시 도회로 돌아갔다. Z씨는, '몰랐거니와 흙냄새도 매우 역하다.' 하였다. 도회에서는 하룻동안에 한나절씩만 주판을 똑딱거리면 매달 오천 냥(백 원)씩 들어오는데, 여기서는 땀을 뻘뻘 흘리며 손을 상하며 일을 하여야 일 년에 겨우 오천 냥 돌아오기가 힘드니 시골이란, 재간 있는 사람이란 못 살 곳이라 하였다.

십 리나 백 리라도 걸어서밖에는 다닐 도리가 없으니 시골은 소, 말이나 살 곳이라 하였다. 기생이 없으니 점잖은 사람은 못 살 곳이라 하였다. 읽을 책도 없으니 학자는 못 살 곳이라 하였다. 양요리가 없으니 귀인은 못 살 곳이라 하였다.

이 말을 듣고, 황 서방은 Z씨가 간 다음 며칠 동안을 눈이 퀭하니 밥도 잘 안 먹고 있었다. Z씨의 말은 모두 다 또한 참말이었다. 아직껏 곁집같이 다니던 최 풍헌의 집이, 생각하여 보면 참 진저리나도록 멀었다. 십오 리! Z씨가 진저리를 친 것도 너무 과한 일은 아닐 것이다.

이야기로 들은 바, 기생이라는 것이 없는 것도 또한 사실이었다.

재미있는 책이라고는 〈임진록〉* 한 권(그것도 서두와 꼬리는 없는 것)이 X촌을 중심으로 한 삼십 리 이내의 다만 하나의 책이었다.

그러나 그 근처 일대에 주판 잘 놓기로 이름난 황 서방이 — 도회에서(Z씨의 말에 의하건대)는 매달 오천 냥 수입은 될 황 서방이, 손에 굳은 살이 박히며, 땀을 흘리며, 천신만고*하여 일 년에 거두는 추수가 육천 냥

* 〈임진록(壬辰錄)〉 조선 시대 작자, 연대 미상의 전쟁 소설. '삼국지 연의' 의 영향을 받아 임진왜란 때 아군이 패한 싸움도 승리한 것으로 묘사한 작품.
* 천신만고(千辛萬苦) 갖은 애를 쓰며 고생을 하는 것.

내외였었다. 게다가 감자를 먹고…… 거름을 주무르고—.

두 달이 지났다.

그 때는 황 서방은 자기의 먹다 남은 것이며 집이며 세간살이를 모두 팔아 가지고 도회로 온 지 벌써 한 달이나 된 때였다.

황 서방이 도회로 가지고 온 돈은 육천 냥이었다. 그 가운데서 집세로 육백 냥이 나갔다. 한 달 동안 구경하며 먹는 데 이천 냥이 나갔다.

여름 밤의 도회는 과연 아름다웠다. 불, 사람, 냄새, 집, 소리, 모든 것은 황 서방을 취하게 하였다. 일곱 냥 반을 주고 아이스크림도 사 먹어 보았다. 또한 — 소리, 불, 사람, 냄새…… 보면 볼수록 도회의 밤은 사람을 취하게 하였다. 아이스크림, 빙수, 진열장, 야시 — 아아, 황 서방은 얼마나 이런 것을 못 보는 최 풍헌이며 김 서방을 가련히 생각했으랴.

동물원도 보았다. 전차도 잠깐 타 보았다. 선술집*의 한 잔의 맛도 괜찮은 것이고, 길에서 파는 밀국수의 맛도 또한 황 서방에게는 잊지 못할 것이었다.

도회로 오기만 하면 만나질 줄 알았던 Z씨를 못 만난 것은 좀 섭섭하였지만, 그것도 황 서방에게는 그다지 불편되는 일은 없었다.

아아, 도회, 도회 — 과연 시골은 사람으로서는 못 살 곳이었다.

황 서방이 도회로 온 지 넉 달이 되었다. 이젠 밑천도 없어졌다.

"이제부터!"

황 서방은 의관을 정히 하고 큰거리로 나가서 어떤 큰 상점을 찾아갔다. 그리고 자기는 주판을 잘 놓는데 써 달라고 부탁을 하였다. 그러나 뜻밖으로 황 서방은 거절당하였다. 황 서방은 다른 집으로 찾아갔다. 그러나 거기서도 또한 거절당하였다.

* 선술집 술청 앞에 선 채로 술을 마시게 된 간단한 술집.

저녁때 집에 돌아올 때는 그의 얼굴은 송장과 같이 퍼렇게 되었다.

이런 일이 어디 있나? 첫마디로 승낙할 줄 알았던 일이 오늘철로 이십여 집을 다녔으나 한 곳에서도 승낙 비슷한 것도 못 받고, 거지나 온 것같이 쫓겨 나왔으니, 이젠 어찌한단 말인가?

이튿날의 경과도 같았다. 사흘, 나흘, 황 서방의 밑천은 한 푼도 없어졌는데, 매달 오천 냥은커녕 오백 냥으로 고용하려는 데도 없었다.

굶어? 황 서방은 이젠 할 수 없이 굶게 되었다. 아직 당하여 보기는커녕 말도 못 들었던 '굶는다' 는 것을 황 서방은 맛보게 되었다.

그런들 사람이 굶기야 하랴? 황 서방은 사람의 후한 인심을 충분히 아는 사람이었다. 아직껏 그런 창피스런 일은 하여 본 적이 없지만, X촌에서 이십 리 떨어져 있는 Q촌에 쌀 한 말 얻으러 갈지라도 꾸어 주는 것을 황 서방은 안다. 사람이 굶는다는데 쌀 안 줄 그런 야속한 놈은 없을 것이었다.

황 서방은 곁집에 갔다. 그리고 자기는 이 곁집에 사는 사람인데 여사여사하다고 사연을 말한 뒤에, 좀 조력을 하여 달라는 이야기를 장차 끄집어 내려는데, 그 집에서는 벌써 눈치를 채었는지,

"우리도 굶을 지경이오!"

하고는 제 일만 보기 시작하였다.

황 서방은 그것도 그럴 일이라 생각하였다. 사실 그 집도 막벌이*하는 집이었다.

황 서방은 다시 한 집 건너 있는 큰 기와집으로 찾아갔다. 그가 중대문 안에 들어설 때에 대청*에 걸터앉아 양치를 하고 있던 젊은 사람(주인인지)이 웬 사람이냐고 꽥 소리를 질렀다.

* 막벌이　막일을 하여 돈을 버는 일.
* 대청(大廳)　한옥에서 안방과 건넌방이나 사랑방과 건넌방 사이에 있는 큰 마루.

"네? 저…… 뭐……."

황 서방은 마침내 도회라는 것을 알았다. 도회에서 달아나던 Z씨의 심리도 알았다. 그러나 Z씨가 다시 도회로 돌아온 그 심리는? 그것도 Z씨가 도로 도회로 돌아올 때 한 말을 씹어 보면 알 것이다. 도회는 도회 사람의 것이고, 시골은 시골 사람의 것이다. 천분* — 천분을 모르고 남의 영분*에 침입하였던 황 서방은 이렇게 실패하였다.

황 서방은 이제 겨우 자기의 영분을 깨달았다. 그리고 사람은 저 할 일만 할 것임을 깨달았다.

이튿날 새벽, 황 서방은 해를 등지고 주린 배를 움켜쥐고 K국도를 터벅터벅 X촌을 향하여 걷고 있었다.

* **천분**(天分) 타고난 재능.
* **영분**(領分) 세력의 범위. 맡은 일의 한계.

눈을 겨우 뜰 때

1

이것은 1918년에 평양에서 생긴 조그만 비극의 하나이다.

2

위, 아래, 동서 남북, 모두 불이다.

강 좌우편 언덕에 달아 놓은 불, 배에서 빛나는 수천의 불, 지걱거리며 오르내리는 수없는 배, 배 틈으로 조금씩 보이는 물에서 반짝이는 푸른 불, 언덕과 배에서 지절거리는 사람의 떼, 그 지절거림을 누르고 때때로 크게 울리는 기생의 노래, 그것을 모두 싼 어두운 대기에 반사하는 빛, 강렬한 사람의 냄새 — 유명한 평양 사월 파일의 불놀이의 경치를 순서 없이 벌여 놓으면 대개 이것이다.

도깨비는 어둠에 모여들고 사람은 불에 모여든다. 그들은 거기서 삶을 찾고 즐거움을 찾고 위안을 찾으려 한다.

사정없이 조그만 틈까지라도 비추는 해에게 괴로움을 받던 '사람' 들은, 비추면서도 덮어 주고 빛나면서도 여유가 있고 나타내면서도 감싸주는 불 아래로 모여들지 않을 수가 없다. 정답게 빛나는 불 밑에서 그들은 웃으며 즐기며 춤추며 날뛰면서, 하루 종일 받은 괴로움을 잊으며, 또는 오늘날에 이를 어지러움을 생각지 않으려 한다. 그리고 이 불을 그리는 사람의 마음을 가장 똑똑히 나타낸 자가 사월 파일의 불놀이이다.

불을 그리는 '사람' 은 온갖 궁리를 다하여 불 아래 모여 즐길 기회를 지어 내었다. 이리하여 야회, 댄스, 일류미네이션*, 요릿집, 야시*, 모든 것은 생겨났다. 그러나 만족함을 모르는 '사람' 은 이것뿐으로 넉넉지 아니하였다. 여기 일 년에 한 번 혹은 두 번씩, 만인이 함께 모여서 함께 즐기며 함께 덤빌 기회를 또한 만들어 내었다. 그리고 우리의 그것은 사월 파일의 불놀이이다.

몇 해 동안을 벼르기만 하고, 하지는 못하였던 불놀이가 금년에는 실현된다 할 때에, 평양 사람의 마음은 뛰었다. 여드렛날 해 있을 때부터 오륙백 짝의 배는 불과 음식을 준비하고 각 장사들은 전을 걷고 불놀이 구경 준비에 분주하였다. 이리하여 해가 용악으로 넘고 여드렛날 반달이 차차 빛을 내며 자줏빛 하늘이 차차 푸르게 검게 밤으로 들어설 때까지는 해에게 괴로움을 받던 사람들의 불을 그려 모여드는 무리, 외로움에 슬퍼하던 사람들의 흥성거림을 찾아 모여드는 무리, 한 해 동안을 수판에 머리를 썩이던 사람들의 하룻밤의 안락을 얻으려 모여드는 무리, 또는 유명한 '불놀이' 를 그려 평양을 찾아 모여드는 딴 곳 사람의 무리, 그 가운데 돈벌이에 눈을 희번덕거리며 다니는 계집의 무리들로서 십 리 길이 되는 해관 선창에서 부벽루까지에 총총 달아 놓은 등 아래는 수만 명으로 헬 사람의 병풍이 세어지고, 재간껏 장식한 오륙백 짝의 배에는 먼저 주선함으로 탈 수 있게 된 행복된 사람으로 가득 찼다. 평양성 내에는

* 일류미네이션(illumination) 전등, 조명에 의한 집 밖의 꾸밈.
* 야시(夜市) 밤에 길거리에 죽 벌이는 시장.

늙은이와 탈난 사람이 집을 지킬 뿐 모두 대동강 가로 모여들었다.

반월도와 해관 선창에서 쏘는 연화가 금박 하늘에 퍼지면서 부벽루에서 해관 선창까지에 총총 달아 놓은 등과 자라옷에서 모래섬을 따라 아래 상림까지에 세워 놓은 홰에는 불이 켜졌다. 이것을 기다리던 모든 배들은 일제히 형형색색의 불을 켜 달고 잔잔한 대동강을 노젓는 소리 한가하게 청류벽을 향하여 올라간다.

수없는 불이 물 위에 움직이고 번하게 빛나는 대기 썩 위에 수없는 연화가 형형색색으로 퍼져나갈 때 뭇 배와 청류벽 기슭과 반월도에서 띄워 내려보내는 큰 수박만큼씩한 불방석들은 물줄기를 따라서 아래로 아래로 흘러간다.

강 건너 모래섬에 한 간마다 세워 놓은 횃불은 간간 부는 바람으로 인해 춤을 추어서 물 속에 비친 자기 그림자를 놀리고 있다. 그치지 않고 쏘는 연화는 공중에서 이상하게 퍼지면서 수만의 불티를 날린다. 그리고 물 위에는 형형색색의 배가 불과 사람으로 장식하고, 기름보다도 잔잔하고 구름보다도 검고 수정보다도 맑은 물 위를 헤어 다닌다.

배와 물에서 띄워 내려보내는 수없는 불방석들은 목숨의 불꽃같이 가늘게 불붙으면서 아래로 아래로 흘러간다. 불, 불, 불천지이다.

강 좌우편에 단 불, 물에 뜬 불, 매화포의 불, 그것들이 비친 물 속의 불, 도로 하늘로 반사한 대기의 빛, 거기에 또 여기저기서 나는 기생의 노래, 학생의 노래, 조선 아악* —.

이리하여 대동강, 모란봉, 부벽루*, 청류벽, 능라도, 반월도, 모래섬 그 일대는 불로 변하고 사람으로 장식되고 음악으로 싸였다.

* 아악(雅樂) 옛날 우리 나라에서 의식 등에 정식으로 쓰던 음악. 고려 예종 때 중국 송나라에서 들어왔던 것을 조선 세종 임금이 박연에게 명하여 새로 완성시킴.
* 부벽루(浮碧樓) 평양의 모란봉 밑 청류벽 위에 있는 누각. 대동강에 연해 있어, 물 위에 떠 있는 듯한 느낌을 주는 명소임.

'배가 한 짝 얻고 싶다.'

뭍에 서 있는 사람들의 말하지 않는 말은 이것이겠지. 한 짝 배를 얻어 타고 마음껏 불 속에 잠겨서 불을 즐기고 삶을 즐기는 것은 얼마나 유쾌한 일이랴. 여기는 온갖 것을 초월한 '삶'의 문제가 있다. 그리고 또 그만큼 배 한 짝을 얻어 탄 사람은 행복된 사람이었다.

금패도 이 행복된 사람 가운데의 하나였다.

3

금패가 탄 배에는 금패 밖에 기생 둘과 손님 셋이 탔다. 이리하여 그들의 배는 배 틈들을 꿰이면서 고즈넉이 고즈넉이 부벽루를 향하여 올라갔다.

금패는 배 난간에 걸터앉아서 앞뒤 좌우를 흐르는 배의 불들도 바라보며 이곳 저곳서 날아오는 삼현 육각*에도 귀를 기울이다가, 거기도 겨운 뒤에는 W라는 손님의 곁에 가 앉아서 이야기를 끄집어 내었다. 시간을 보낼 핑계가 없어서 괴로워하는 그들 새에는 여러 가지의 쓸데없는 소리가 바뀌었다. 누가 애를 뱄는데 그 애의 아버지가 Y라거니 X라거니, 누가 휴업을 하였거니, 누가 살림을 들어갔거니, 이런 쓸데없는 이야기를 하고 있는 동안에, 배는 능라도 아래 이르렀다. 불놀이를 구경하러(오히려 '보이러'라는 편이 옳을지는 모르나) 떠난 배들은 여기서 쉬면서 술을 먹는 사람은 술을 먹고 술을 안 먹는 사람은 웃고 덤비며 어떤 사람은 모란봉* 꼭대기에 올라가서 불야성을 이룬 대동강 일대를 구경도 하다가

* **삼현 육각**(三絃六角) 세 가지 현악기(거문고, 가야금, 향비파)와 북, 장구, 해금, 피리, 태평소 한 쌍을 통틀어 일컬음.
* **모란봉**(牡丹峯) 평양 북쪽에 있는 작은 산. 봉 위에 모란대와 최승대라는 누각이 있고, 동쪽은 절벽을 이루고 대동강에 임함.

열한 시 혹은 열두 시쯤 각각 자기 떠난 곳으로 돌아가는 것이었다. 그들의 배도 거기에 머물렀다.

"한 잔 하세."

"하세."

아직 반취를 지나지 못한 손님들은 술을 요구하였다. 그러나 이 말이 맺기 전에 금패의 동그랗고 예쁜 손에는 벌써 맥주병이 들렸다. 불로 말미암아 금빛이 도는 맥주는 잔에 부어졌다. 그리하여 이 배에도 점점 흥이 돌게 되었다.

일배 일배 부일배로 이윽고 취흥이 배 안에 돌고 컵의 왕복이 더디게 되었다. 금패는 까닭은 모르지만 엉덩이를 들추어 주는 것 같은 기쁨을 참지 못하여 가만히 장구를 끌어당겼다.

"한 — 한 마디 듣잤군, 얘!"

혀 꼬부라진 소리가 신음하였다.

금패는 월선에게 눈짓을 하였다. 가장 흥성스러운 '방아타령' 한 마디는, 월선의 입에서 부드럽고 아름답게 나왔다.

에헤 — 에헤야. 에라 찧어라 방에 — ㄹ다.
반 넘어 늙었으니 다시 젊지는 에라 못할러라.

유탕한 월선의 소리는 숙련한 금패의 장구와 함께, 높고 낮게 그 시끄러운 불놀이 소리 가운데서도 빼어나게 울려 나간다. 금패가 노래를 받았다.

엣다 — 좋구나

이십오현 탄야월에
불승청원 저 기러기
긴 갈순 한 대를 입에다 물고
부러진 지처귀 옆에 끼고
점점이 날아드니
평시 낙안이
— 에라 이 아니냐.

좋다, 잘한다, 때때로 술 취한 콧소리가 신음하는 듯이 울려온다.

금패는 유쾌한 마음이 되어, 노래를 주고받고 하였다. 시끄러이 웅성거리는 불놀이 소리 가운데 빼어나게 예쁘게 울리는 이 소리는 뭇 배들의 주의를 끌지 않고는 두지 않았다. 구경 배까지 몇이 둘러섰다.

마지막 서로 얼굴을 바라보며 금패가, '영산홍로 봄바람에 넘노니 황봉백접이라.' 고 냅다 뽑을 때는 저 먼 데 배에서까지 잘한다 소리가 울렸다.

이리하여 방아타령은 끝났다.

금패는 자랑스러운 듯한 얼굴로 장구를 밀어 놓고 사이다를 한 잔 부어 가지고 월선이를 끌고 뱃전에 가 앉았다. 그리고 불에 잠겨서 삶을 즐기는 몇만 명의 사람을 보면서 '놉시다 놉시다 젊어서 놉시다, 나이가 많아서 백수가 되면 못 노나니.' 라고 조그만 소리로 읊었다. 그 때에 월선이가 금패를 꾹 찔렀다.

"얘, 데것 봐라. 녀학도들이 다 있구나."

"녀학도가? 어디?"

금패는 수심가를 멈추고 월선이 가리키는 편을 보았다. 그 때에는 (곧 금패의 배 뒤에 달린) 그 배에서도 금패의 배를 손가락질하면서 여기서까지 넉넉히 들리게 소곤거린다.

"기생 봐라."

"어디? 정말!"

금패는 자랑스러운 듯한 적개심*으로 머리를 잔뜩 들고 경멸*하는 눈을 여학생의 배에 향하였다.

"고곤, 꽤 곱디, 얘."

하는 여학생의 손가락은 금패에게 향하였다. 금패는 성내 주고 싶은 듯한, 자랑하고 싶은 듯한 마음으로 코웃음을 웃은 뒤에 머리를 월선에게 향하였다. 그러나 열두 시를 치는 시계를 여덟 시까지 들은 사람은 나머지의 넷을 안 들을려야 안 들을 수 없다. 금패의 귀도 그 여학생들에게 기울어졌다.

"망측해라. 그렇게 손꾸락질하믄 보갔구나."

"본덜."

"멜 하타니 속으루 욕하디."

"속으루나 욕한덜."

"그래두 봐라. 숙고사 치마에, 비취 비나에, 꽤 말숙하게 채렸데이."

"그까짓거!"

"그까짓거라니. 너 그래 그리캐 채렛니?"

"안 채레서! 좀."

"바루! 있기나 한 것 겉구나."

"없어두 그까진 꺼 부럽딜 않어!"

"잘 안 부럽갔다. 여자치구 고운 옷 안 부러워하는 사람은, 암만 그래두 없어!"

"옷이나 잘 닙으면 멀 해. 너 이제 십 년만 디내 봐라. 데것들의 꼴이 뭐이 되나. 미처 시집두 못 가구, 구주주하게……."

* 적개심(敵愾心) 적에 대한 마음 속의 분노.
* 경멸(輕蔑) 업신여김.

그 뒤에는 그들의 이야기는 다른 문제로 넘어갔다. 그리고 이제 오 분이 지나지 못하여 그들은 이제 그 이야기를 잊어버릴 테지. 그런 이야기를 하였는지 안 하였는지도 잊어버릴 테지. 설혹 기억을 한다 하여도 가장 변변치 않은 이야기를 한 마디 하였다 하는 이상은 기억지 않을 테지. 그러나 그 이야기가 금패에게는 날카로운 송곳보다도 뾰족한 끝이 있었다.

4

금패는 성이 났다. 그러나 그의 성난 까닭이 무엇인가? 여학생들이 거짓말을 하였나? 아니, 그들의 말은 처음부터 끝까지 참말이었다. 그리고 또 참말이므로 금패도 성이 났다. 만약 여학생들이 거짓말을 하였다면 금패는 한낱 코웃음으로 그들을 경멸하여 주었을 뿐일 터이다. 그러면 그의 노여움의 대상은 누구였던가? 그의 노여움과 그 여학생들 새에는 얼마의 새 틈이 있었다. 맥주에 맛이 든 손님들도 아니었다. 금패의 부모도 아니었다. 금패 자기도 아니었다. 그러면 무엇이냐 금패의 머리에 떠오른 것은 금패 자기의 경우였다. 처지였다. (나는 이 기회를 타서 금패의 경력을 좀 써 보려 한다.)

그는 쾌활한 성질이었다. 여덟 살까지 속곳뿐으로 길에 나와서 사내애들과 싸우던 것도 아직 그의 기억에 남아 있는 바였다. 아홉 살에 그는 기생의 빛나는 살림을 그려 기생 서재에 붙여 달라 하여 성공하였다. 그리하여 열네 살 시사할 때까지에 그는 기생의 일반 재주에 그다지 남한테 지지 않게까지 되었다.

금패는 사내라는 것에게 흥미를 가지게 되었다. 길에서 곁눈으로 자기를 보는 사내라도 만나면 집에 돌아와서는 거울과 마주 앉아 몇 시간씩 자기 얼굴을 들여다보며 즐겨하고 하였다. 여학생이라는 것이 차차 변하여졌다.

전에는 서른 살 이상의 늙은 여학생들이 많더니 차차 어린 여학생이 보이게 되었다. 그와 함께 여학생의 풍조가 차차 사치하게 되었다. 금패는 이것을 '여학생이 기생을 본받는다.' 부르고 이긴 자의 쾌락을 맛보는 마음으로 이를 보았다.

노세 젊어서 노세
늙어를 지면은 못 노너니.

이 노랫가락 한 구절은 그의 가장 즐기는 노래였다.

때때로 여학생들이 기생을 경멸하는 것을 볼 때에는 그는 분하기는커녕 도리어 통쾌하였다. 그들(여학생들)은 자기네 기생과 같이 마음껏 '거드럭거리' 지 못하므로 시기함이라 금패는 이렇게 생각하였다. 그리고 노래하라 놀라 웃으라 즐기라 거드럭거리라 하여 끝까지 젊음을 즐기고 삶을 즐기려 하였다.

이리하여 이러한 몇 해는 지났다.

그러나 그에게도 비극의 한 막이 생기게 되었다. 이 비극을 일으키게 한 사람(우리는 그의 이름을 A라 하자.) A라 하는 사람은 어디서 금패를 보았던지 그 뒤부터는 만날 금패를 달래기 시작하였다. 금패는 그를 싫어하였다. A는 얼굴이 그리 못생기지는 않았지만 빛이 없었고 귀가 빈상으로 생기고 게다가 돈이 없는 사람이었다. 뿐만 아니라, 가장 마음에 안 드는 점은 A라는 사람은 '멋' 을 모르는 사람이었다.

어떤 날 밤, 어떤 청요릿집에서 표지가 왔으므로 가보매 A가 혼자서 술(먹을 줄을 모르는 사람이었는데)을 꽤 먹고 졸면서 앉아 있다가 금패를 보고 인사를 한다. 금패는 시치미를 떼었다.

A는 한참 먹먹히 앉아 있다가, 마치 소학생이 선생님 앞에 나가듯 겨

우 금패의 가까이 와서 금패의 손에 봉투지를 하나 쥐어 주었다(뒤에 보니 그것은 돈 오십 원이 들은 것이었다.). 금패는 아무 대답도 아니 하였다. 그러나 A의 저픔을 띤 어린애와 같은 눈과 동작은, 얼마간 그에게 사랑스러이 보였다. 그 날 밤, A는 금패의 집에서 잤다.

한 번 따뜻함을 본 A는 그 뒤에 여러 번 금패를 달랬다. 그러나 푼푼이 몇 달을 모은 오십 원을 한꺼번에 써 버린 그에게는 다시는 돈이 안 생겼다. 금패는 그를 물리쳤다.

눈보라 몹시 하는 어떤 밤이었다. 금패는 요릿집에서 늦도록 놀다가 밤중에 집에 돌아오니까 A가 눈을 하얗게 뒤집어쓰고 금패의 방문 밖에서 (우들우들 떨면서) 금패가 돌아오기를 기다리고 있었다. 술이 잔뜩 취해서……. 금패는 벌컥 성을 내며 무얼 하러 왔느냐고 물었다. A는 대답 없이 그 자리에 쓰러져서 엉엉 울기 시작하였다. 이 꼴을 어이가 없어 한참 들여다보던 금패는 자기 아버지와 막간(행랑) 사람을 찾아서 A를 내쫓아 달라 하였다. A는 아무 저항 없이 끌려 나갔다.

그 날 밤 금패는 꿈자리가 자못 좋지 못하였다. 몇 번을 못된 꿈에 놀라서 깨었다.

이튿날 금패의 집에서 멀지 않은 곳에 A가 얼어 죽어 있는 것을 그는 알았다. 뿐만 아니라, 그 (A)의 주머니에서는 (미리 죽을 계획을 하였던지) '자기는 어떤 여자를 사모하였다. 그러나 여자는 자기를 경멸한다. 자기의 사무친 마음은 풀 바 없다. 자기는 애타는 마음을 스러지우기 위하여 이 목숨을 끊어 버린다. 그러나 자기는 역시 그 여자를 미워하거나 원망하지는 않는다.' 라는 글까지 나왔다. 그리고 그 '어떤 여자' 란 물론 금패 자기였다.

이 일이 있은 뒤에 금패의 마음은 크게 변하였다. 그리고 또 이 일로 말미암아, 금패는 두 가지 일을 깨달았다. 첫째는 사람의 앞에는 '죽음' 이라는 커다란 그림자가 있다는 것이었다. 금패 자기의 앞에도 그것은 확실히 있었다. 그것은 언제 뛰쳐나올지 모를 것이었다. 십 분 전에도 안 보이던 그 그림자가 십 분 뒤에 벌써 뛰쳐나온 것을 그는 보았다. 또 둘째는 이 세상에는 '돈과 멋' 밖에 '참과 참그리움' 이 있다는 것을 그는 깨달았다. 전 재산(오십 원이라는 돈은 큰 돈이 아닌 동시에 또는 한 사람의 전 재산 이상이었다.)을 던져서라도 얻고자 한 '참' 과 온 목숨을 던져서라도 아픈 마음을 잊어버리고자 한 참사랑을 보았다. 이것은 금패의 마음에 크게 영향되었다. 이 때부터 그에게는 남에게 모를 한숨이 생기고, 남에게 모를 눈물이 생겼다. 밤중에 요릿집에서 쓸쓸한 자기 집에 돌아와서 거울과 마주앉아 하소연할 때, 달 뜬 밤 뛰노는 젊은 피를 거문고로 하늘에 아뢸 때, 또는 잠든 평양 시가를 둘러볼 때, 혹은 가을 아침 보얀 안개 틈으로 노젓는 소리를 들으면서 물에 떠 놀 때, 남에게는 모르지만 웃고 즐기는 그의 마음 깊은 속에는 떨리는 듯한 뛰노는 듯한 또는 쪼개지는 듯한 약하고도 강한 느낌이 잠겨 있었다. 정랑들과 즐거이 놀고 있을 때도 마음 속에는 (언제 터질지 모르는) 어떤 한숨이 숨어 있었다.

이 동안 그의 머리에는 언제 배었는지 모르지만 한 가지의 문제가 성장하였다.

'굵고 짧게 사는 것이 정말이냐, 가늘고 길게 사는 것이 정말이냐?'

A를 생각할 때에 그는 굵고 짧게 사는 것의 무서움을 깨닫는다. 그러나 (또한 A를 미루어) 언제 죽을지 모르는 이 세상에서 구태여 그다지 구차스럽게 굴 것도 없다.

그리고 그는 한탄하였다. — 인생 오십 년은 결코 짧지 않다. 그 이상 살자면 지루하리라. 그러나 그 '오십 년' 은 젊고 기쁘게 지내고 싶은 것이라고. 그러나 이것은 도저히 못 될 일이라 할 때에 그는 외로움을 깨달았다.

이리하여 그의 쾌활한 반면에는 음울이 생기고, 웃음의 반면에는 눈물이 생기게 되었다.

5

눈물 머금은 수정 같은 금패의 맑은 눈은, 다시 천천히 여학생들의 배에 향하였다. 그러나 두 배 사이에는 어느덧 밝게 장식한 용각선이 끼여서 아까 기생들을 혹독히 폄하던* 그 여학생은 겨우 등이 조금 보일 뿐이었다.

그러나 그 조금 보이는 (무엇을 설명하느라고 들썩거리는) 등은 역시 이렇게 말하는 것 같다.

'이제 십 년만 지내 봐. 그 꼴이 무어이 되나…….'

금패는 아직 여학생들의 시집간 뒤의 살림을 엿본 적이 없었다. 그러므로 그는 온전히 그를 몰랐다. 그러나 금패의 짐작으로서 바르다 하면, 그것은 봄에 뫼에 핀 진달래와 같은 것이었다. 연한 자줏빛으로 빛나는 것 — 그것이 여학생들의 이 뒷살림에 다름없었다. 피아노, 책을 보고 있는 마누라, 양복한 어린애, 여행, 그것이 그들의 이 뒤의 살림에 다름없었다. 그리고 그것은 큰 즐거움에 다름없었다.

그러나 —,

'이제 십 년을 지내 보아!'

자기네의 이 뒷살림은 과연 여학생들의 말과 같이 구주주할까? 금패는 그것을 똑똑히 생각지 않으려 하였다. 그러나 그 동안에 순서 없이 몇 가지의 생각은 저절로 그의 머리에 지나갔다. 첩, 병, 매음, 매, 본마누라, 싸움, 이것이었다. 자기네의 앞에 막혀 있는 그림자는 이것이었다.

금패는 고진감래*란 말을 들었다. 흥진비래*란 말을 들었다.

고진감래가 나은지 흥진비래가 나은지 그것은 똑똑히 가릴 수가 없으

* 폄(貶)하다 남을 헐뜯어 말하다.
* 고진감래(苦盡甘來) 〔쓴 것이 다하면 단 것이 온다는 뜻으로〕 '고생 끝에 낙이 옴'을 이르는 말.
* 흥진비래(興盡悲來) 〔즐거운 일이 다하면 슬픈 일이 온다는 뜻으로〕 '세상일이 돌고 돎'을 이르는 말.

되, 어두운 자기의 앞은 넉넉히 볼 수가 있었다. 언제까지 빛날지는 모르되 그 빛이 없어지고 그의 얼굴에 어두운 티가 떠오를 때는, 그 흉진비래가 나타날 것은 자기가 살아 있다는 것처럼 똑똑한 일이었다. 그것은 무서운 일이며 또한 (따라서) 싫은 일이었다.

그 때는 어찌할꼬, 그 때는 어찌될꼬, 이것이 그의 머리에 처음으로 떠오른, 또 처음으로 생각하여야 할 문제에 다름없었다.

금패는 무거운 머리를 아래로 숙였다. 곧 배 곁으로 가늘게 불붙는 불방석 하나가 그의 장래를 풀려는 수수께끼와 같이 아래로 아래로 흘러갔다. 이것을 잠깐 따라가던 그의 눈은 다시 천천히 들렸다. 뜨거운 눈물이 몇 방울 그의 치마 앞자락에 떨어졌다. 그것은 자포 자기의 눈물이었다. 그리고 또 절망의 눈물에 다름없었다.

금패가 아직껏 경멸하던 것은 여학생들의 '현재' 였다. 그러나 한 번 '장래' 를 볼 때에는 두 자 새에는 헤아리지 못할 커다란 구렁텅이가 있었다.

즉, 여학생들에 대한 더할 나위 없는 적개심이 그의 마음에 일어났다. 서늘한 빛이 나던 그의 눈은 독을 품고 여학생들의 배 편을 보았다. 그러나 그 배는 벌써 어디론가 없어지고, 요릿배 몇이 그 근처에 움직일 뿐이었다.

금패는 외로움을 깨닫고 W의 곁으로 갔다. 누구에게든 한 마디의 따뜻한 위로가 듣고 싶었다. 그러나 손님들은 벌써 술에 취하여 정신을 못 차리고 있다. 금패는 다시 배 속으로 가서 앉았다.

> 우리가 피차에 남북에 살아도
> 불변심 석 자는 꼭 잊지 마세.

가까운 어느 배에서 갑자기 찢어지는 듯한 소리가 나며, 장구가 장단을 맞춘다. 그 뒤에는 큰 웃음소리…….

하마터면 치마에 떨어질 뻔한 눈물을 빨리 씻고 그는 고즈넉이 머리를 들었다. 벌써 저편에 가 있는 용각선에서 삼현 육각의 부드러운 소리가 은은히 날아온다.

6

열두 시쯤 그들의 배는 돌아섰다.

요릿집 앞에 배가 닿은 다음에, 금패는 불구경에서 돌아가는 사람들 틈을 꿰이고 잠깐 요릿집에 들러서 시간표를 찾은 뒤에, 인력거는 그만 두고 걸어서 이문골로 들어섰다. 거기는 사람도 적었다.

금패는 무거운 머리를 아래로 숙이고 천천히 걸었다. 아까 여학생들에게 비웃긴 때와는 온전히 다른 외로움이 그를 괴롭게 하였다.

— 사람이 살아간다는 것은 과연 무엇인가? 먹고 입고 일하고 또 먹고 자고, 이튿날도 또 같은 일을 거푸 하고. 오십 년이라기도 하고 백 년이라기도 하는 일생을 이렇게 지내니, 살아간다는 것은, 다만 이것을 뜻함인가? 즐거운 꿈을 꿈이라 업신여기니, 살아가는 동안에 때때로 이르는 즐거움과 즐거운 꿈 새에 과연 구별이 있는가? 없는 자는 있기를 바라고 있는 자는 더 있기를 바라니, 사람이 살아간다는 것은 다만 욕심 채움을 뜻함인가? 젊어서 죽은 사람을 애달프다 하니 늙은 뒤에는 뜻하지 않은 즐거움이 이르는가?

— 또한 기생이라는 자기네의 지위를 아직껏 자기도 보통과 다른 것으로 알아 두었고 남들도 그렇게 알았으나 어디가 다르냐? 자기네들에게도 느낌이 있었다. 슬픔이 있었다. 기쁨과 웃음이 있었다. 애처로움이 있었다. 다른 데가 어디냐? 자기네들도 같은 궤도를 밟아서 나아가다가 마침내 죽는 데까지 이를 테지. 그 뒤에 또 같은 궤도를 밟아서 죽은 뒤에

오 년만 지나면 이 세상에서 온전히 잊어버리고 말 테지. 오래 살자는 것은 무엇이며 죽기 싫다는 것은 무엇인고. 이것도 다만 끝없는 사람의 욕심에 지나지 못하는가?

마음을 누르는 듯한, 들추는 듯한 괴로운 생각은 꼬리를 이어서 그의 머리에 떠올랐다.

하마터면 그저 지날 뻔한 자기의 집 앞에서 정신을 차리고 발을 대문으로 향하려다가 금패는 멈춰 섰다. 그의 귀에는 한 개의 음률이 들렸다. 그것은 아름다운 음조였다. 커다란 물결이 바다에 넘치는 듯, 때때로는 조그만 벌레가 신음하는 듯, 고요한 밤 하늘에 울려 나가는 그것은 탁문군의 '상부련' 한 곡조의 거문고 소리였다.

이것은 금패가 돌아오기를 기다리는 금패의 아우가 뜯는 것이었다.

금패는 발을 멈추고 귀를 기울였다. 끓는 열정으로 뜯는 한 구절의 '상부련'은 어르는 듯 아뢰는 듯 은은히 울려 온다.

잠깐 서서 이를 듣던 금패는, 가만히 대문 안으로 들어서서 안으로 잠그고 누구냐고 묻는 아우의 물음에 대답하고, 자기 방에 들어가서 옷을 갈아 입은 뒤에 거울과 마주앉았다.

마음을 들추는 괴로운 생각은 또다시 금패를 눌렀다. 눈이 멀거니 앉아 있는 그의 머리에는 또다시 머리 없고 꼬리 없는 생각이 지나가고 지나가고 하였다. 그러나 얼마 동안을 이렇게 앉아 있던 금패는 손을 들어 머리를 쓰다듬었다. 이제껏 엄숙한 빛이 있던 그의 얼굴에는 독을 머금은 비웃음이 떠올랐다.

'걷지두 않은 생각을 하구 있댔다.'

그는 이렇게 거울에 비친 자기의 얼굴에다 말하였다.

지금의 금패에게 말하라면 '인생'이란 풀기 쉬운 수수께끼였다. 그러나 사람들은 그렇게 해석하기가 싫어서 뭉갤 뿐, '인생'이란 것같이 풀기 쉬운 수수께끼는 다시 없었다. 한 마디로 말하자면 같잖고, 변변치 않고, 괴롭고 쓸쓸한 것, 이것이 '인생'이었다. 그리고 이 괴롭고 변변치 않고 갑잖고 쓸쓸한 '인생'을 살아갈 유일의 방책은 순간순간의 쾌락을 취할 것, 이것밖에는 도리가 없다. 오는 날의 일을 생각하면 무엇하랴. 오늘 밤 어떤 일이 생길지 모르는 이 인생에서…….

장생술 거짓 말아
불사약 그 뉘 본고
진황총, 한무릉도
모연추초뿐이로다
인생이
일장 춘몽이니
아니 놀고 어이리.

그는 속으로 읊으면서 벌떡 일어서서 아우의 방으로 건너갔다.

아직 쓴 것을 모르는 아우는 거문고를 밀어 놓고 어느덧 잠이 들어 있다. 순결한 두 젖을 내어 놓고 숨소리 고즈넉이 잠이 들어 있다.

금패는 그의 머리곁에 가 앉아서, 널따란 아우의 댕기를 어루만지면서 그의 달같이 밝고 모란같이 예쁜 얼굴을 사랑스러이 들여다보았다.

— 너는 아직 아무것도 모른다. 사람이란 무엇인지, 사내란 어떤 것인지, 우리 '기생*'이란 어떤 것인지……. 무엇을 보든 기쁘고 즐겁고, 무엇을 대하든 춤추고 날뛰고 싶은 때 — 지금이 제일이느니라. 그러나 네게도 바람과 물결이 이를 테지. 그 날이 멀지 않았구나. 더러움을 모르는 네 눈에서 피눈물이 나며, 지금 고즈넉이 들썩거리는 네 가슴이 찢어지는 것 같을 날, 그 날이 멀지 않았구나. 더러움을 모르고 저픔을 모르는

* 기생(妓生) 잔치나 술자리에서 노래부르고 춤을 추는 것을 직업으로 하는 여자.

너는 그 날에 얼마나 놀라랴. 그 날이 얼마나 무서우랴. 그러나 피할 수 없는 운명이다. 고요히, 싫어도 이르는 그 날을 기다리지 않을 수 없는 것이 우리의 운명이다. 어찌하랴.

금패는 아우의 손을 꼭 잡았다. 고요히 잠들었던 아우의 눈은 조금 벌려졌다. 금패는 참지 못하여 눈같이 흰 아우의 가슴에 머리를 묻었다. 뜨거운 눈물이 그의 눈에서 흘렀다.

7

날이 차차 더워지면서, 대동강 위의 뱃놀이*는 더욱더 많아지고 취케 하는 듯한 따뜻함에 한 잔 술로써 미인과 마주앉아 가는 봄을 조상하려는 사람이 더 늘었다. 금패도 분주하게 되었다. 뱃놀이, 연회, 술좌석, 모든 것은 그를 기다렸다.

하염없이 불려 가는 금패는, 그래도 돌아올 때는 얼마의 유쾌함은 얻고 하였다. 평양 명기, 자랑스러운 이 한 마디는 기쁨을 낳고 기쁨은 유쾌를 낳아서 쓰러지고 싶은 그의 마음을 얼마는 위로를 하였다.

그러나,

"십 년을 지나 보아."

파일 밤에 들은 이 한 마디로 말미암아 생긴 마음의 허물은 없어지지를 않았다.

"언제 죽을지 모르는 이 인생에서……."

과연 이 한 마디는 그 허물을 없이 할 수가 있을까?

돌이켜,

"백 살까지 살지도 모르는 이 인생에서……."

---

* 뱃놀이 배를 타고 하는 놀이.

라면 어찌 되노?

이리하여 알 듯한, 모를 듯한, 보이는 듯한, 안 보이는 듯한 저품은, 그의 마음 깊은 데서 떠나지를 않았다. 그는 모든 것을 보려 하였다. 들으려 하였다. 알려 하였다. 생각하려 하였다.

그는 그가 교제하는 사회 범위 안에서 모든 것을 보고 들으려 하였다. 그러나 술을 먹고는 거꾸러져서 정신을 못 차리는 소위 손님과, 자기가 이즈음 서방을 안 한다고 밤낮 힐책하는 어버이와, 이성의 냄새를 그리는 무르익은 아우와, 이것밖에는 본 것이 없었다. 음란한 노래와 음란한 말과 변변치 않은 헛소리밖에는 들은 것이 없었다.

그는 그의 머리, 그의 지식이 허락하는 한, 모든 것을 알려 하고 생각하려 하였다. 그러나 이전에 안 바 그 이상 새 지식은 나오지 않았고, 더 깊이 생각하려면 머리가 섞바뀔 뿐 모든 것은 수수께끼가 되어 버리고 하였다. 이리하여 그의 계획이 낳은 바는 다만 신경 과민과 수면 부족뿐이고 모든 예기는 틀려 버렸다.

그 가운데 그가 다만 하나 안 바는, 그는 결코 남에게 온전한 사람의 대접은 못 받고 있다는 심히 불유쾌한 점이었다. 손님은 그들(기생들)을 '업신여길 수 있으므로 사랑스러운 동물' 로 알았다. 부모는 '돈벌이하는 잡은 것' 으로 대하였다. 예수교인은 마귀로 알았다. 도학자는 요물로 알았다. 어린애들은 '영문 앞의 도상' 이라고 비웃어 줄 곱게 차린 동물로 알았다. 노동자는 '자기네도 돈만 있으면 살 수 있는 물건' 으로 알았다.

늙은이나 젊은이나 한결같이 그들은 다만 춘정을 파는 아름다운 동물로 알 뿐, 한 개 인격을 가진 '사람' 으로는 보지 않았다. 그를 사랑하는 자나, 그를 미워하는 자나, 또는 (돈이나 경우로 말미암아) 감히 접근치도 못하는 자까지도 그를 어떤 음란스런 생각 아래서 볼 뿐, 한 개 사람으로는 안 보았다.

금패는 이전에 자기네를 대단히 업신여기는 어떤 사회 사람들도 자기네와 친근코 싶어하는 눈치를 보고, 역시 사내란 약한 것이고 위선의 덩어리라고 기뻐한 적이 있었으나, 이것 역시 자기네를 사람으로 보지 않고 춘정을 파는 아름다운 동물이라 생각함에 있다 하매 끝없는 모욕의 느낌을 깨닫지 않을 수가 없었다.

이리하여 새로 발견하는 사실은 어떤 것이든 금패의 마음을 더 상케 하는 칼이 아닌 자 없었다. 이 한 문제도 금패의 머리에 꽤 크게 울렸다.

이리하여 웃기 잘하고 쾌활하고 이야기 잘하고 노래 잘하고 애교 있던 금패는 불과 며칠 새에 웃었다, 울었다, 성내었다, 생각하였다 하는 신경질의 금패로 변하였다.

그러는 동안에 또 한 사건이 금패에게 이르렀다.

8

어떤 따뜻한 날이었다.

금패는 가벼운 마음으로 열두 시쯤 조반을 먹고 세수를 한 뒤에 자기 방에 돌아왔다. 일기의 탓인지 금패는 별로 마음이 내려앉지 않게 유쾌하였다. (이 날은 서남풍이 사람의 젊은 마음을 충동하듯 솔솔 불었다. 하늘에는 구름이 분홍빛으로 엉기면서 날아다녔다. 나비가 뜰에 떠다녔다.) 그는 벗의 집에라도 놀러 갈까 하였으나 그것은 썩 마음이 붙지 않아서 어찌할까 하고 손을 비비며 앉아 있을 때에 대문에서 나는 자기를 찾는 손님의 소리를 들었다. 금패는 내다보았다. (이전에 너덧 번 함께 놀아 본) Y라 하는 손님이 알지 못할 손을 하나 데리고 왔다.

"오래간만이외다그래. 어서 들어오세요."

금패는 되었다 하는 마음상으로 그들을 환영하였다.

"어디 가는 길인가?"

이렇게 Y가 물었다.

"괜티아요. 들어오세요."

"그럼 들어가세."

하면서 Y는 새 손님을 재촉하여 방 안에 들어왔다.

"그새 어디 가셋대시요?"

"음."

"어디요?"

"여기저기 좀……."

Y는 희미한 대답을 하였다. 그리고 몇 가지의 이야기가 왔다갔다 한 뒤에 Y는 새 손님을 향하여 일어로 물었다.

"어때?"

"꽤 이쁜데……."

하고 새 손님은 씩 웃었다.

금패는 새 손님을 기생집에 처음으로 와 본 사람이라고 감정하였다. 그러나 새 손님은 (대담히도) 수리와 같은 눈으로 정면으로 금패의 낯을 본다. 금패는 그것을 피할 겸 담배를 붙여서 권하였다.

새 손님은 담배를 받고 또 한 번 씩 웃은 뒤에 (역시 일어로) Y에게 말하였다.

"이상해?"

"무엇이?"

"난 젊은 여성 앞에선 얼굴이 달아서 동작을 마음대로 못 하는데, 이 기생이라는 여성께 배알*할 때는 (내 첫 경험이지만) 뭐 마치 암탉이나 암캐와 마주선 것 이상 마음의 변화가 안 생기는구먼……."

"그만두어! 여긴 철학 연구소가 아니야."

Y도 웃으면서 좀 핀잔을 주는 듯이 말하였다. 그러나 새 손님은 예사

* 배알(拜謁) 지체 높은 분을 만나뵘.

로이(눈으로만 별하게 웃으면서) 말을 계속하였다 — 물론 그 가운데는 기생집에 처음 온 사람이 항용 하는 태도로 좀 지어 하는 듯한 쾌활함이 있기는 있었지만.

"자네네 같은 유객에게는 장소의 구별이나 할 말 안 할 말의 구별이 있는지는 모르지만 내게 말하라면 일반이지. 그들이 사람이 아니라구 감정했을 것 같으면 아무 데서구 직토하구, 또……."

"사람이 아니면 그래 무에란 말이야?"

Y는 새 손님의 말을 닥채여* 물었다.

"듣구 싶은가?"

새 손님은 머리를 끄덕이며 웃었다. Y는 가만 있었다. 대답이 없으니까 새 손님은 자기 혼자서 대답을 하였다.

"나두 실상은 사람이 아니라군 안 해. 가만! 그래 사람이 아니야! 확실히 사람이 아니야. 박쥘세, 박쥐!"

"박쥐? 밤에 밥벌이한다구?"

"음, 오히려 박쥐는 새이구두 조류에 못 드는 것처럼, 기생은 사람이구두 인류에 못 든다는 편이 옳을 테지……."

금패는 얼굴에 피가 한꺼번에 솟아올라오는 것을 깨달았다. 너무 심한 말이었다. 그들은 물론 금패가 일어를 모르는 줄 알고 한 것이겠지만, 설혹 모른다 하여도 당자를 곁에 두고 이렇게까지 하는 것은 너무 혹독한 일이었다. 금패는 새 손님을 처음 보는 순간 벌써 되지 않은 녀석인 줄 알았다(고 생각하였다.).

그러나 새 손님은 금패를 주의치 않는 듯싶었다. 박쥐에서 시작된 이야기는 이렇게 변하였다.

— 자기는 아직 기생이라는 것을 교제는커녕 알지도 못하였다. 그저께

* 닥채다 '가로채다'의 사투리.

여기(평양)를 내려올 때에 기차에 자기 맞은편에 기생이 앉아 있었는데 이것이 자기로서는 기생과 가장 가까이 앉아 본 첫 경험이다. 그러나 자기의 짐작 내지 직감은 대개는 틀려 본 적이 없다(는 것을 자기는 안다.). 이 직감으로써 기생을 볼 때에 —

이렇게 마치 연설하듯 설명하여 오던 새 손님은 한 번 담배를 빤 뒤에 말을 연하여 한다.

"그렇지 그것, 껌 발춘기, 그것이야. 소위 손님네라는 자네네들두 그것으루 알지 않나? 기생의 부모두 그것 판매인으로 자임*하구. 어때, 내 말이 거짓말인가?"

Y는 대답이 없었다. 새 손님은 또다시 이야기를 이었다.

"징역꾼…… 그래, 이 세상에 사람이구 사람의 대접을 해 주지두 않구 받지두 못하는 종류의 사람은 기생 밖에 징역꾼이란 것이 또 있기는 하군……. 음 그런데 여기 특별히 주의하여야 할 현상은 무엇이냐 하면, 두 자 다 (사람은커녕) 짐승보다두 썩 못한 대우와 속박을 받구 있다는 점이네. 그것은 나보다두 자네가 더 잘 알겠네. 이고도 이 못 되는 자, 다시 말하자면 섬석이, 그것은 자기 이하의 종류의 대우보다두 더 못한 대우를 받는단 말이야. 그런데 여기 더 안된 것은 기생이라는 — 사람이라 해 주지 — 기생이라는 '사람'은 자기네의 생활에 만족은 커녕 오히려 만심*을 품구 있지 않나? 자기는 '기생 각하' 루라구……. 나는 이렇게 생각했네. 사람이란 온 경우와 환경을 따라서 이렇게까지 극단의 바보두 되구 이렇게까지 근성*의 꼬리까지 썩는 것이냐구……. 우리들은 우리들 자기의 생활에두 만족을 못하는데……."

금패는 까닥 안하고 이런 말을 다 들었다. 뿐만 아니라 손님들이 돌아

---

* 자임(自任) 어떤 일을 스스로 자기의 임무로 맡는 것.
* 만심(慢心) 남을 업신여기는 마음.
* 근성(根性) 뿌리 깊게 박힌 성질.

갈 때에도 조금도 이전과 틀림없이 인사를 하였다. 그러나 그의 마음은 찢어지는 것같이 아팠다.

9

이러한 한 달 새에 — 금패의 성격은 노파와 같이 늙고, 도학자와 같이 까다로워졌다.

마음을 대단히 충동시키는 듯한 어떤 저녁이었다.

그것은 첫여름에 흔히 있는 (더운 듯한, 서늘한 듯한) 날로서 달 없는 초승 하늘에는 견우 직녀가 반득이며, 길모퉁이마다 단소 부는 무리가 모여 있는 이런 저녁이었다. 그리고 또 젊은 평양 사람들로서 대동강 가에 거치지 않을 수 없게 하는, 무엇을 속삭이는 듯한 저녁이었다.

금패는 저녁을 먹은 뒤에 불표(임시 휴업)를 달고 대동강 가에 나섰다. 하늘은 벌써 새까맣게 되었다. 개밥바락별*도 벌써 안 보이게 되었다. 엷은 구름같이 보이는 은하만이 하늘에 밝다 일컬을 유일의 것이었다.

대동문*이나 연광정에서 하루 종일 패수가 흐르는 것을 들여다보고 앉아서도 조금의 갑갑함도 깨닫지 않던 선조의 피를 받은 평양 사람들은 벌써 꽤 많이 대동강 가에 모여들었다.

금패는 천천히 발을 옮겨서 옥류병 위로 가서 아래를 내려다보았다. 새까만 물 가운데 은하수의 그림자로 금패는 어두운 가운데 오르내리는 수없는 매생이* — 를 보았다. 그 가운데는 창가를 하는 사람도 있었다. 조선 노래를 부르는 사람도 있었다. 시조를 읊는 사람

* **개밥바락별** 샛별. 금성의 사투리.
* **대동문(大同門)** 평양 동쪽에 있는 성문. 조선조의 대표적인 건축물임.
* **매생이** '마상이'의 사투리.

금성

도 있었다. 만돌린을 뜯는 사람도 있었다. 그리고 그들은 대동강의 깊음과 매생이의 작음이며 또는 물에 빠져 죽는 사람의 존재를 온전히 부인하는 듯이 희희낙락히 오르내린다.

이것을 한참 내려다보던 금패는 자기도 물 위에 떠 놀고 싶은 생각이 나서 어떤 매생이 주인 집에 가서 한 짝 얻어 타고 나섰다. 왼편 팔을 가볍게 움직일 때에 매생이는 미끄러지듯이 대동강 위에 떠나간다. 어디로 갈까 하고 잠깐 주저한 뒤에 금패는 반월도를 향하여 가만가만히 저어 올라갔다.

어둠 가운데 갑자기 소리가 날 때에 거기를 보면 매생이가 있다. 조용한 가운데 갑자기 물소리가 날 때에 거기를 보면 또한 매생이가 있다. 평양 사람은 죄 매생이에 있지 않나 생각되도록 대동강 위는 흥성스러웠다. 조용함을 찾으러 나온 금패는 매생이들을 피하면서 가만히 반월도를 향하여 올려 저었다. 이리하여 반월도 아랫머리까지 저어 올라간 그는 윗머리까지 가고 싶었으나 팔이 곤하여졌으므로 그만 닻을 주기로 하였다.

사실 거기도 (때때로 뜻하지 않은 어두운 데서 매생이가 뛰쳐나오기는 하지만) 조용한 편이었다. 금패는 닻을 첨벙 물에 떨어뜨리고 매생이에 드러누웠다.

인공적이라 하여도 좋도록 예쁜 높은 하늘이었다. 거기는 황금빛 별들이 반득이고 있었다. 때때로 기러기가 날아다니는 것이 보였다.

금패는 이것을 바라보면서 (그것은 극히 막연하지만) '무궁' 이라 하는 것을 보았다. 별 위에 또 별, 그 위에 또 별, 그 위에 (어디까지 연속하였는지 모르는 한없는) 또 무엇, 그리고 그것은 '무궁' 의 심벌에 다름없었다. 그 큰 하늘에 비기건대 사람은 참으로 더럽고 불쌍한 것이었다. 사람이 살려고 애를 쓰는 것은 마치 너른 바다에 빠진 조그만 벌레가 벗어날 길을 찾음과 마찬가지일 것이었다. 헤매면 무엇 하고 애쓰면 무엇 하랴. 마침내는 '운명' 이라는 큰 힘에게 지지 않을 수 없을 것이다. 바다에 빠진 벌레로서 만약 (가장 조그만 것으로라도) 즐길 기회만 있다 하면 그것을 기껏 과장하여 즐기는 것이 그에게는 그 중 정당하고 그 중 영리한 처세법이라 아니 할 수가 없다. 즐겨 두어라, 놀아 두어라, 걱정하면 무엇 하고, 애태우면 무엇 하랴. 그것도 마침내는 사라지고 너른 하늘과 거기서 반득이는 별만 영구히 남아서 사람의 쓰러짐을 비웃고 있을 테다…….

금패는 꿈꾸듯 이런 생각을 하며 누워 있었다.

10

매생이에 부딪혀서 좌우편으로 갈라지면서 똘똘 흐르는 물소리는 그를 졸음 오게 하였다.

몇 번 정신을 차려 보았으나 규칙 바르게 나는 물소리는 피곤한 그를 또다시 취하게 하고 하였다. 달콤한 꿈에서 깨기는 싫었으나 온전히 잠이 들면 안 되겠다 생각하고, 그는 일어나서 세수를 한 번 하고 다시 누울 작정으로 매생이 속으로 갔다.

금패는 자기가 어찌 되었는지 몰랐다. 다만 머리에서 흐르는 물을 입으로 푸 — 푸 — 뿌리면서 매생이 전을 붙잡고 물에서 매생이로 올라오려고 애를 쓰는 자기를 그는 발견하였다. 그는 어느덧 매생이에서 떨어진 것이었다.

온갖 힘과 애를 다 써서 겨우 매생이에 올라온 그는 몸을 사시나무와 같이 떨었다. 추위와 무서움이 한꺼번에 그를 습격하였다. 그러나 그 무서움은 무엇에 대한 것인지 그는 몰랐다. 저편 앞에 왈왈 하는 여울에 물 흐르는 소리까지 그의 두려움을 더하게 하였다.

그는 무서움을 참지 못하여 옷을 짤 겨를도 없이 빨리 떨리는 손으로 노를 저어서 시가 쪽으로 향하였다. 여울에 들어서면서 매생이는 무서운 물 힘에 몰려서 쏜살같이 이편 쪽(시가 쪽) 언덕에 가까이 왔다. 금패는 조금 안심되어 눈을 들었다. 사람의 말소리까지 들렸다.

이 때야 그는 겨우 정신을 가다듬고 사람의 눈에 뜨이는 곳으로 매생이를 저어 가서 옷을 하나씩 벗어서 짜 입은 뒤에 다시 시가 쪽 언덕, 매생이 주인집 선창에 갖다 대었다. 그리고 매생이 주인 집에는 들르지 않고 좁은 길로 빠져서 자기 집에 돌아와서(아직 대문이 열린 것을 다행히) 몰래 자기 방에 들어왔다.

방은 아까 불을 끄고 나간 대로 그대로 있었다. 그는 불은 켜지 않고 손으로 더듬어서 옷을 얻어 갈아 입은 뒤에 물에 젖은 옷은 뭉쳐서 한편 모퉁이에 박고 쓰러지듯이 그 자리에 엎드렸다. 그의 마음은 맥나고 괴상하게 떨렸다. 온갖 저픔은 그의 마음을 눌렀다. 그러나 그 저픔은 모두 수수께끼와 같이 이상하게 범벅된 모를 것들이었다.

이러한 불안 속에서도 그는 다만 한 가지뿐을 똑똑히 의식하였다. 그것은 아까 그 때 자기 앞에 갑자기 나타난 '죽음'이라는 검은 그림자에 대한 것이었다. 그리고 그 가운데는 아까 그 때 자기는 왜 온전히 죽어 버리지 않았나 하는 생각도 섞여 있었다.

11

아낙네들이 기다리는 오월 단오*가 이르렀다.

* **단오**(端午) 명절의 하나. '음력 5월 5일'을 이르는 말. 여자는 창포물에 머리를 감고 그네를 뛰며, 남자는 씨름을 하고 놂.

신윤복의 〈단오〉

우리는 무엇이니 무엇이니 하는 전설적 문제를 끄집어 낼 필요가 없다. 그러나 차차 속되어 가고 차차 없어져 가는 이전의 아름다운 풍속을 돌아다볼 때에, 한 애처로운 느낌을 깨닫지 않을 수가 없다.

단오 명절은 아낙네의 날이다. 남인 금제의 불문율을 걸어 놓은 아낙네의 날이다. 일 년 동안을 '마누라' 라는 신성한 직업에 골몰하였던 그들이 하루 동안을 편안히 쉬는 날이다.

지금은 없어졌지만 그 당시의 젊은 평양 여인의 기껏 잘 차린 뒷모양은 사람으로 하여금 신성한 느낌을 일으키게 한 것이었다. 기다란 은향색 치마에, 남빛 배자로 장식한 송화빛 저고리와, 그 위에 나비와 같이 예쁘게 올라앉은 수건 새로 때때로 펄럭이는 새빨간 댕기의 뒷모양은, 사람으로 하여금 정욕이니 육욕이니 하는 생각을 온전히 초월한 신성한 느낌을 일으키게 한다. 그것은 극도로 조화된 인공미였다. '사람' 이라는 것보다 오히려 인형에 가까운 아름다움이었다. 그리고 따라서 '자연' 이라는 것보다 한 예술품이랄 수가 있었다.

아침 동안에 마음껏 차림을 차린 그들은, 열한 시쯤부터 차차 떼를 지어서 동산으로 모여든다. 동산에는 그들을 기다리는 그넷줄이며 각 장사들이 벌써 준비되어 있다. 이리하여 오후 두 시쯤까지에는 동산은 젊은 아낙네들로 메워진다.

이 때에 만약 우리가 모란봉 꼭대기나 을밀대에 가서 동산을 내려다보면, 거기는 각색 농후한 색채가 흐트러지고 섞여서 범벅으로 뭉기고 있는 것을 볼 수가 있다. 그리고 또 가지 좋은 소나무마다 늘어져 있는 그넷줄에는 은향색과 남빛이 범벅으로 팔락이며, 그 그넷줄 아래는 차례를 기다리는 개미와 같이 조그만 여러 가지의 빛이 아물거리고 있는 것을 볼 수 있다.

동산에 모여드는 아낙네들은, 일 년에 한 번 이르는 이 명절에는 모든 일을 생각지 않고 모든 일을 잊어버리려 한다. 그들은 늘 지켜 오던 모든 예의와 염치를 내던지고, 마음껏 자유롭게 마음껏 유쾌하게 이 날을 보내려 한다. 그들은 다른 때는 천스럽다고 곁에도 가지 않던 분을, 이 날은 마음껏 희게 바르며, 행랑 갈보들과 같이 그넷줄 아래에서 뛸 순서를 다투며, 심지어는 단오의 평양을 구경온 외촌 사람들의 두룩거리는 얼굴에 터지는 듯한 웃음까지 부어 준다. 웃음소리, 지껄이는 소리, 다툼 소리, 그네를 밟는 소리, 서로 찾는 소리 — 이리하여 환락의 날은 차차 저물어서 해가 칠성문 위에서 차차 벌겋게 될 때는 그들은 내일 다시 이를 자유로울 날을 생각하면서 떼를 지어서 각각 자기 집으로 돌아간다.

하룻밤의 단꿈에 피곤함을 모두 지워 버린 그들은 이튿날 아침 다시 모양을 차리고 뒷동산으로 모여든다. 거기는 어제와 같은 즐겁고 흐트러지고 자유로운 날이 다시 그들을 기다린다. 그들은 오월 초엿새의 유쾌한 명절을 또 어제와 같이 지난다.

초이렛날(마지막 날)은 그들은 기자묘에 모여서 일 년에 한 번 이르는 자유로운 명절의 마지막 날에 상당하도록 가장 성대히 가장 유쾌히 가장 즐겁게 논다. 이러다가 해가 용악으로 넘어가렬 때쯤은, 지금 집에서 자기를 기다리고 있는 남편이며 또는 며칠 전에 말구어만* 두고 시작은 안 하였던 자기의 모시 치마를 머릿속에 그리면서, 각각 자기의 가정으로 돌아간다.

이리하여 아낙네의 명절은 막을 닫힌다.

12

첫 명절날(닷샛날) 금패는 모든 뱃놀이와 술좌석을 물리치고 친한 손님 몇이(W, H, K)와 더불어 어죽* 놀이를 떠나기로 하였다.

* 말구다 '마르다'의 사투리.
* 어죽 생선죽. 즉 생선의 살, 닭고기, 쇠고기, 멥쌀을 넣고 끓이다가 계란을 풀어 쑨 죽.

어죽놀이에는 맞춤인 일기였다. 오월 대고는 뜨거운 날이었지만 물에 들어서서 일을 하여야만 할 그들에게는 맞춤인 일기였다. 뿐만 아니라, 회강하여 주암까지 가서 죽을 쑤려고 나선 그들에게는 없지 못할 밀물은, (벌써 아침 열 시쯤부터 밀기 시작하였지만), 그들이 떠나는 낮 열두 시쯤은 대동강을 바다와 같이 넓게 하고도 무엇이 부족하여 그냥 오른다. 게다가 대동강 특유의 달콤한 서남풍은 밀물에 몰려 올라가는 그들의 배에 힘을 더욱 보태어서 배는 쏜살같이 반월도를 뒤로 감돌아서 능라도 뒤로 위로 위로 올라갔다.

단오 명절은 동산에만 이르지 않고 쥐무덤 자라옷까지도 이르렀다. 자라옷의 무성한 수양버드나무에도 그넷줄이 늘어져 있고, 당시에 유행한 송화빛과 은행색이 그 그넷줄 위에서 춤을 춘다. 약간 부는 바람에 불려 올라가듯 너울너울 앞으로 높이 솟았다가는 다시 은행색 치마를 휘날리면서 뒤로 솟아오르고 — 그럴 때마다 '쉬 —' 하는 힘을 주는 계집애의 아름다운 소리는 날아온다.

금패네 배는 그것을 멀리 바라보면서 능라도로 붙어서 그냥 위로 올라갔다. 이리하여 그들의 배가 주암 어떤 어죽 쑤기 좋은 자리 앞에 이른 때는 오후 두 시 반쯤, 기껏 올랐던 밀물이 그 반동으로 속력을 다하여 찌기* 시작한 때였다.

"거, 어죽 쑤기 좋은 자리루다."

과연 거기는 어죽 쑤기에는 능라도나 반월도 근방에는 쉽지 않을 만큼 온갖 것을 갖춘 자리였다. 물 바닥은 대동강 특유의 가는 모래요, 물 맑고 언덕은 잔디밭이요, 그 위에는 커다란 수양버들이 좋은 그림자를 띠고 있다. 앞으로는 기역자로 꺾어지면서 능라도 때문에 두 가닥으로 갈라진 대동강을 끼고, 평양성 내가 멀리 바라보인다. 그들은 거기서 내렸

* **찌다** 조수가 빠지다.

다. 그 뒤로 사공이 닭이며 쌀, 나무, 짠지, 또는 솥들을 나르고 자리를 정하여 거기 솥을 걸 자리를 자갯돌로 쌓아놓았다.

"자, 누가 닭을 잡겠나?"

H라는 손님이 둘러보면서 말하였다.

"내 닭 백정 노릇 하마."

K가 대답하고 버선을 벗어 던진 뒤에 다리를 걷고 칼과 닭을 가지고 물가로 갔다. W는 솥에 물을 넣고 불을 때고, H는 쌀을 씻고, 이렇게 직분은 작정되었다. 금패는 별로 말할 수 없이 마음이 즐거워서 연엽이와 같이 풀밭도 거닐며 또는 송화빛과 은향색이 개미같이 얽혀 있는 모란봉 근처도 바라보며 때때로는 일을 하는 손님들에게 농담도 던져 보며, 그럴 때마다 이유 없이 큰 소리로 웃고 하였다.

"데 뒤에 가 보자."

"가 보자꾼."

연엽의 동의에 금패는 가볍게 대답을 한 뒤에, 손님들을 내버리고 풀향기를 마시면서 차차 동리로 가까이 갔다. 이리하여 동리 앞에 거의 이르매 거기도 단오 명절이라고 아이들은 모두 새 옷을 입고, 멀리 바라보이는 데는 그넷줄도 늘어져 있다.

"돼지에게 은방울 단 것 같구나."

연엽이가 촌 아이들이 자기네 뒤를 따라오는 것을 보고 이렇게 금패에게 말하였다.

"가만 얘, 돼지구 뭐이구 더게서 찾나 부다."

금패는 손님들 있는 편으로 돌아서 보았다. 과연 K는 어느덧 닭을 다 죽였는지 두 마리의 닭을 높이 두르면서 금패의 편을 향하여 고함친다.

"너희들 한 마리씩 퉤라*."

* 퉤라 '튀해라'의 준말. '튀하다'는 새나 짐승을 물에 잠깐 넣었다가 꺼내어 털을 뽑는다는 뜻.

"발세 물 끓었나요?"

"끓기는 샘시레 털꺼정 물켔다."

"톕세다가레. 것두 걱정이외까?"

금패와 연엽이는 K에게로 달음박질하여 가서 뜨거운 물이 뚝뚝 흐르는 닭을 한 마리씩 받아 가지고 물가로 갔다. 끓는 물에 잘 무른 털은 손을 댈 새가 없이 툭툭 빠졌다.

"잘은 뽑아딘다."

"네 핸 잘 뽑히니? 내 핸 당초에 안 뽑아디누나……."

이렇게 연엽이가 머리는 닭에게 향한 대로 대답하였다.

"바꾸어 달라니?"

"정 바꾸어 주렴."

"찍! 먹갔니?"

금패는 연엽에게 농담을 한 번 던진 뒤에 닭의 털을 새빨갛게까지 벗겼다.

"다 톐쉐다."

금패는 언덕을 향하여 고함쳤다.

"톐으면 배 가르구 각을 뜨렴."

K가 금패를 향하여 고함쳤다. 금패는 칼을 집어다가 닭의 각을 뜨고 배를 가르고 내장을 꺼내고 하여 모든 요리를 끝낸 뒤에 바가지에 담아 가지고 솥 걸어 놓은 데로 갔다.

"수구했네."

H가 닭을 받아서 솥 속에 넣었다.

"나리들 재간이 이만하갔소?"

금패는 자랑스러운 듯이 돌아서면서 담배를 붙여 물었다. 연엽의 닭도 되었다. 물도 넣었다. 인제는 불을 때는 W밖에는 할 일이 없었다.

뽕도 딸 겸, 임도 볼 겸…… 금패는 가는 소리로 부르면서 혼자 강가로 나왔다. 물결이라고 부르기에는 너무 사랑스러운 조그만 물결이 찰싹찰싹 강가 모래 위를 스치고 달아나고 한다. 물 속에는 작은 고기 새끼들이 닭의 털을 희롱하며 팔딱거린다.

그는 꿈꾸는 듯한 눈으로 이것을 들여다보면서 머리로는 '살림살이'라는 것을 그려 보았다. 남편과 아내가 힘을 같이하여 온갖 일을 하며 틈 있을 때마다 같이 즐거이 웃고 날뛰며 — 아아, 과연 그것은 아름다운 '살림살이'에 다름없었다.

'어죽놀이' 그것은 살림살이의 한 단편의 축도에 다름없었다. 만약 '살림살이'로서 과연 어죽놀이와 같다 할 양이면 그것은 이야기에 들은 '극락세계' 그것에 다름없었다. 남편의 근심은 아내가 같이 슬퍼하고 아내의 걱정에 남편이 근심하고 — 과연 그들 앞에 걱정이 있다 하면 그것이 무엇이며 근심이 있다 하면 그것이 무엇이랴. 그것은 봄을 만난 눈이며 물을 만난 소금이 아닐까?

금패는 이런 생각을 하며 앉아 있었다.

13

"금패도 고기 뜯게."

금패는 펄떡 놀라서 일어섰다. 저편에서는 잘 무른 닭의 고기를 솥에서 꺼내어 놓고 뜯기 시작한 모양이다. 금패는 가만가만 그리로 갔다.

"무얼 하댔니? 외딴 데서 함자서?"

연엽이가 이렇게 금패에게 말을 걸었다.

'고구천변 일륜홍 부상에 둥실 높이 떠…….'

금패는 대답 대신으로 노래를 하면서 고기를 뜯기 시작하였다. 이리하여 다섯 사람은 고기 바가지에 둘러앉아서 뼈를 추리고 고기는 모두 모아서 쌀과 함께 솥 속에 넣은 뒤에 마침내 기다리던 술추렴을 시작하였다.

"아씨들은 뼈다귀나 핥게."

"누굴 개 — ㄴ 줄 압니까?"

하면서 금패는 뼈를 하나 집어서 거기 아직 붙어 있는 고기를 뜯어먹기 시작하였다.

해는 벌써 모란봉 마루를 넘기 시작하였다. 강물은 그 해에 반사하여 새빨간 빛을 그들에게 보낸다. 땅에까지 닿을 듯한 수양버들이 그들을 덮기는 덮었으나 서편 쪽으로 넘어간 해는 그 버드나무 아래로 또는 똘똘 흐르는 물결로 반사하여 그들의 앉아 있는 곳도 새빨갛게 되었다.

"아이구, 눈 시다 — 나두 한 잔 주소고레. 당신네만 잡숫갔소?"

금패는 바싹 들어앉으면서 말하였다.

"애, 너두 술 먹을 줄 아니?"

"애개개, 망측해라. 그만두라우, 애."

K와 연엽이가 눈이 둥그레서 금패를 보았다.

"어디 한 잔 멕여 보자."

그러나 금패의 얼굴이 농담이 아닌 것을 보고 W가 농담삼아 금패에게 한 잔 주었다. 금패는 그것을 받아서 꿀거덕 삼켰다.

"에, 용타."

어느 손님이 말하였다. 그러나 금패의 눈에서는 눈물이 나오려 하였다.

"아이구, 쓰다."

그는 침을 덜걱덜걱 삼키면서 겨우 말하였다.

"네 봐라. 먹을 줄두 모르는 걸……. 이담엔 아예 먹디 말아."

"마사무네*완 다르다."

"다르디 않구."

첫 잔에 금패는 벌써 눈숡과 귀에 더위를 깨달았다.

* 마사무네 일본식으로 만든 청주.

그러나 그 다음 잔도 그는 빠지지 않고 먹었다. 어떤 까닭인지는 모르지만 그의 마음은 술을 요구하였다. 차차 뒷목에서 뚝뚝 소리가 나기 시작하였지만 점점 흥이 돌아가는 손님들을 볼 때에 그의 마음에서는 술을 요구하였다.

"아이구 급하다."

석 잔 넉 잔 하여, 다섯 잔 여섯 잔까지 마시고 얼굴이 시커멓게까지 되었을 때에, 그는 어지러움을 참지 못하여 그만 그 자리에 쓰러졌다. 손님의 너 먹어라 나 먹어라 하는 소리는, 마치 강 건너편에서 나는 것같이 흐리게 그의 귀에 들리게 되었다. 손님들이 제 가까이 있는지 없는지도 그는 몰랐다. 온몸의 무게가 허파에 모인 것같이, 허파가 괴롭기 짝이 없었다. 그는 누구든지 붙잡으려고 두 손을 들어서 휘저으면서 그만 신음하였다.

"사람 살리소고레."

"왜 그러니?"

누가 이렇게 물었다.

"죽갔시요."

"글쎄, 술은 먹을 줄두 모르는 꼴에 왜 먹는담. 좌우간 배루 가자. 데려다 줄게. 거기 누워 있거라."

"배엔 싫어요."

"싫긴 뭐이! 그러다가 게우면은 어디칼라구. 자, 닐어나라."

"가만, 움쭉을 못 하갔시요. 움직이면 게우갔시요."

금패는 구역을 참으며 겨우 중얼거렸다.

"이걸 또 업어다 주야나? 하하하하 글쎄 술은……."

하면서 그 손님은 금패를 들어 업었다.

금패는 손님에게 매달려 배까지 가서 내려서 치마를 뒤집어쓰고 드러누웠다. 손님은 친절히 방석을 말아서 베개 삼으라고 금패의 머리에 고여 주고 도로 술추렴하는 데로 돌아갔다.

금패의 뒷목에서는 핏줄이 뛰느라고 머리까지 들썩거렸다. 그의 눈에서는 눈물이 하염없이 흘렀다. 그의 눈물, 그것은 다만 술 때문이 아니었다. 잠깐 그림자를 감추었던 온갖 슬픔은 미친 바람과 같이 그의 마음에 떠올랐다. 뿐만 아니라, 그 슬픔은 다른 때와 달라서 어망처망하게 크게 된 대규모의 슬픔이었다. 그리고 한 가지씩 순서 있게 나오는 슬픔이 아니고, 여러 십 가지의 슬픔이 함께 얽힌 범벅의 슬픔이었다. 게다가 그 가운데는 '살림살이' 라 하는 어떤 '걱정' 에 가까운 무엇까지 숨어 있었다.

14

이튿날 어떤 뱃놀이에 불려 갔던 금패는 돌아오는 길에 끔찍하고 무서운 일을 보았다. 그들의 배가 모란봉까지 갔다가 청류벽 기슭으로 붙어서 내려오는 때였다. 배가 '정위 정관조(正尉 鄭觀朝)' 라고 크게 새긴 아래를 지나갈 때에 갑자기 무엇이 철썩 하는 소리를 들었다. 배에 탔던 모든 사람은 일제히 머리를 소리나는 편으로 향하였다. 거기는 바위 위에 (감감하니 높이 보이는 청류벽 위에서 떨어진 듯한) 열서넛 난 계집애 하나가 약간 다리를 움직이며 꼬꾸라져 있었다. 배에 탔던 사람은 모두 일어섰다. 그러나 언덕에 왁 하니 모여드는 사람의 떼 때문에 계집애는 가려서 보이지 않게 되었다. 다만 지금 방금 죽느니 골이 짜개져 헤어졌느니 입으로 피를 쏟느니 하는 이야기만 들렸다. 순사*도 달려왔다.

"거즉, 거즉."

"누군디 아는 사람 없소?"

"에, 불사해*!"

---

* **순사(巡査)** 일제 때 경찰관의 제일 아랫직위.
* **불사해** '불쌍해' 의 사투리 발음.

이와 같은 소리가 웅성스러이 들렸다.

"에구 끔찍해. 내려가세."

손님이 배를 재촉하였다.

금패는 몸을 떨고 돌아서면서 월선에게 말을 붙였다.

"아이구, 끔찍두 해라."

"오늘 밤 눈에 버레서 어디캐 자나."

"아까와라. 데 앤 아무것두 모르구 죽었갔디?"

"알긴? 도무지 열서넛에 난 거이……. 기 애 부모가 알믄 죽갔대갔구나."

금패는 한숨을 쉬고 앉았다.

월선의 '아무것두 모른다.' 는 것은 '성' 을 뜻함이었다. 그러나 금패의 '아무것두 모른다.' 는 것은 결코 그런 뜻에서 나온 것이 아니었다. 금패의 뜻의 한 가지는 그 애는 아직 살아나가는 데 대한 아무 저픔이며 두려움을 모르고 죽었겠다 하는 것이었다. 그러나 그보다도 더 마음 속에 깊이 들어박힌 것은 그 애는 한 순간 전에도 제가 죽을 것을 몰랐겠다 하는 것이었다.

그 날 밤, 집에 돌아와서도 그는 한잠을 이루지 못하였다.

아까 그 계집애의 죽음에서 시작된 그의 머리는 몇 해 전 자기에게 쫓겨 나가서 길가에서 얼어 죽은 A며, 자기와 친하던 기생 몇의 죽음, 더욱 (무엇에 만족치 못하였는지 그 당시에 한창 말썽이 많았던) '네코이라즈*를 먹고 죽은 화선의 죽음이며, 또는 저를 친누이와 같이 사랑해 주던 O라 하는 손님의 죽음이며, 술 좌석에서 갑자기 뇌일혈로 꼬꾸라져 죽은 N이라는 손님의 죽음을, 순서 없이 생각하였다. 그리고 그는 한숨을 짚었다 — '죽음' 그것은 무섭지 않다. 그러나 이를 생각하며 계획하고 실행

* 네코이라즈 '쥐약' 의 일본말.

하는 것이 무서운 일이라고…….

이리하여 그의 머리에는 '죽음' 이란 문제가 성장하기 비롯하였다.

15

마지막 명절날 아우의 조름에 못 견디어서 금패는 기자묘에 오르기로 하였다. 아우에게 몇 번 채근을 받으며 겨우 차리고 나선 때는, 오후 두 시쯤이었다. 큰거리는 차리고 나선 아낙네로 찼다.

아침에는 그리 마음에 없었던 금패도 이 큰길에 빼곡히 다니는 아낙네들을 보며 약간 분홍빛을 띤 흰 구름이 빠질 듯이 떠 있는 하늘과, 거기 날아다니는 잠자리와 제비를 보며 아까 거울에 비쳤던 제 예쁜 그림자를 생각할 때에 차차 마음이 흥성스러워지기 시작하였다.

그들은 그 때 갓 닦아 놓은 신작로로 겹겹이 쌓인 먼지와 아낙네들 틈을 꿰이며 칠성문 밖으로 빠져서 기자묘에 이르렀다.

그 넓은 기자묘의 무성한 소나무들도 먼지와 흐늘거리는 사람의 범벅에 눌려서, 없는 듯하였다.

"형애야, 데 사람 봐라."

"구데기 겉구나."

금패는 가볍게 대답하면서 길에서 벗어나서 초뚝에 내려섰다.

"금주야, 어디루 가자니?"

"형애 너 가구픈 데 가자꾼."

"나 가구픈 데? 그럼 여게 있자꾼."

하며 금패는 털썩 주저앉았다.

"가만, 더 — 게 영월이 성 있나 부다. 거게 가자우."

금주는 이렇게 형을 재촉하였다. 금패는 아우가 손가락질하는 편으로 머리를 천천히 돌렸다. 거기는 영월이라 누구라 기생이 대여섯 명 그넷줄 아래 둘러서 있고, 한 쌍은 올라서 쌍그네를 뛴다. 금패는 말없이 일어서서 그리로 갔다.

"금패 오누나. 너 같은 학자님두 이른 델 댕기니? 글쎄 오늘은 해가 서에서 뜨더라."

재잘거리기 좋아하는 영월이는 금패를 보는 순간, 벌써 마주 나오면서 이야기를 시작하였다.

"금주가 너무 오재기에."

"좌우간 온 김에 건네나 한 번 뛔라. 얘, 홍련이 산월이 다 내려라. 학자님 한 번 뛰래자."

"곤해서 좀 쉐서 뛰갔다."

하며 금패는 어떤 소나무 그루에 털석 걸터앉았다.

이즈음 충분히 자지 못하고 맛있게 먹지 못하고 고민으로 날을 보내어 무한 몸이 약하여진 데다가, 어젯밤에 한잠을 못 이루고 오늘 또 그 사람과 먼지 틈을 꿰이고 온 금패는 사실 그네 뛸 용기가 없었다. 그는 눈을 가늘게 뜨고 힘없이 그넷줄을 바라보았다. 줄에는 쌍그네 뛰던 홍련이와 산월이는 벌써 내리고 새 계집애가 올라가서 한창 뛰고 있었다. 뒤로 거의 땅과 평행으로까지 올랐다가는 '쉬 ―.' 하는 소리와 함께 너울너울 나비와 같이 펄럭이며 앞으로 솟아오르고, 그럴 때마다 소나무는 그루까지 부러질 듯이 흔들린다. 가지는 우적우적하였다. 그러고 만약 그 가지가 한 번 부러만지는 지경이면 그넷줄 위에서 즐겨하던 그 계집애는 당장에 송장으로 변할 것이었다.

이것을 보는 때에 금패는 어제 청류벽 위에서 떨어져 죽은 계집애를 생각하였다. 하루살이와 같다. 이슬과 같다. 실낱 같다. 또는 봄꿈과 같다. 예부터 인생이란 것을 폄한 여러 가지의 경구가 있었지만, 그 백만의 경구가 과연 어제 그 한 순간의 사실을 나타낼 수가 있을까? 한 순간 전에 청류벽 위에서 꽃을 따느라고 돌아다니며 즐기던 계집애(그에게도 내

일 입을 옷이며 먹을 음식이 있었을 테다. 내일 학교에 가면 어제 공연히 결석하였다고 선생에게 꾸지람 들을 걱정도 가졌을 테다. 또는 남이 헤아리지 못할 아름다운 꿈과 같은 바람도 있었을 테다.)가 한순간 뒤에는 벌써 청류벽 아래 송장이 되어 누워 있었다. 혹은 아직까지 그 계집애의 어머니는 자기 딸의 죽음을 모르고 가벼운 여름 옷을 짓고 있는지도 모를 테지. 엄한 아버지가 자기 딸의 돌아옴의 늦음을 성내어 들어오면 꾸짖으려고 기다리고 있는지도 모를 테지. 또는 누이가 돌아오기 전에 어서 다 먹으려고 과자에 덤벼드는 어린 오라비가 있을지도 모를 일이다. 그러나 그 계집애는 지금 어디서 무엇을 생각하고 있노.

"형애, 너 한 번 뛔라!"

금주가 한 손은 그넷줄을 쥔 채로 헐떡이며 형에게 고함쳤다. 금패는 펄떡 정신을 차리며 무의식히 그넷줄로 가서 올라섰다. 팔과 다리가 떨렸다. 금주는 그넷줄을 뒤로 바싹 끌고 갔다가 앞으로 내어 쏘았다. 금패는 발을 굴렀다. 그네는 차차 높이 올랐다. 뒤에서 구르고 앞에서 구르고 이리하여 흐느적거리는 송화빛과 은향색의 물결은 금패의 발 아래에서 움직이게 되었다. 모든 사람들을 눈 아래 굽어보면서 금패는 더욱 궁굴렀다.

"쉬 —."

그네는 구름까지 올라가듯 솟았다. 서늘한 바람이 이마와 콧등과 귀를 스치고 뒤로 달아났다. 먼지와 소나무 위를 넘어서 을밀대의 지붕도 보이게 되었다.

"잘은 올라간다."

아래서 누가 높은 소리로 고함쳤다.

이 때에 우정인지 혹은 저절로인지(금패 자기도 똑똑히 몰랐으나) 오른편 손아귀의 힘이 조금 풀리는 것을 그는 깨달았다. 그 다음 순간, 그는 그넷줄에서 땅바닥에 철썩 하니 떨어졌다.

16

이리하여 대기 가운데 떠돌던 조그만 티끌 하나는, 겨우 눈을 뜰 때 자기의 사위*의 너무 크고 넓음에 놀라서, 소리도 못 내고 도로 그 자리에 쓰러졌다.

〈눈을 겨우 뜰 때〉의 서편은 끝났다. 계속하여 쓰고 싶기는 하지만, 한 단편을 해를 걸쳐서 써 나간다는 것은 재미없을뿐더러, 겨울이 되면 늘 약해지는 작가의 몸이 또한 온전치 못한 듯하므로 본편을 이다음 좋은 기회를 기다리기로 하고, 이로써 한 단락을 맺으려 한다. 이뿐으로도 한 독립한 작품이 되었음에…….

* 사위(四圍) 사방의 둘레.

광화사

인왕*.

바위 위에 잔솔이 서고 잔솔 아래는 이끼가 빛을 자랑한다.

굽어보니 바위 아래는 몇 포기 난초가 노란 꽃을 벌리고 있다. 바위에 부딪히는 잔바람에 너울거리는 난초잎.

여*는 허리를 굽히고 스틱으로 아래를 휘저어 보았다. 그러나 아직 난초에서는 사오 척의 거리가 있다. 눈을 옮기면 계곡.

전면이 소나무의 잎으로 덮인 계곡이다. 틈틈이는 철색의 바위도 보이기는 하나, 나무 밑의 땅은 볼 길이 없다. 만약 그 자리에 한번 넘어지면 소나무의 잎 위로 굴러서 저편 어디인지 모를 골짜기까지 떨어질 듯하다. 여의 등 뒤에도 이삼 장이 넘는 바위다. 그 바위에 올라서면 무악재로 통한 커다란 골짜기가 나타날 것이다. 여의 발 아래도 장여*의 바위다.

* 인왕(仁王) 서울 서쪽에 있는 산. 높이 338m.
* 여(余) 나.
* 장여(丈餘) 한 길 남짓. 열 자가 넘는.

아래는 몇 포기 난초, 또 그 아래는 두세 그루의 잔솔, 잔솔 넘어서는 또 바위, 바위 위에는 도라지꽃. 그 바위 아래로부터는 가파른 계곡이다.

그 계곡이 끝나는 곳에는 소나무 위로 비로소 경성 시가의 한편 모퉁이가 보인다. 길에는 자동차의 왕래도 가막하게 보이기는 한다. 여전한 분요*와 소란의 세계는 그 곳에서 역시 전개되어 있기는 할 것이다.

그러나 여가 지금 서 있는 곳은 심산이다. 심산이 가져야 할 온갖 조건을 구비하였다.

바람이 있고 암굴이 있고 산초 산화가 있고 계곡이 있고 생물이 있고 난송이 있고 — 말하자면 심산이 가져야 할 유수미를 다 구비하였다.

본시는 이 도회는 심산 중의 한 계곡이었다. 그것을 오백 년간을 닦고 갈고 지어서 오늘날의 경성부를 이룬 것이다. 이러한 협곡에 국도를 창건한 이 태조*의 본의가 어디 있는지는 알 길이 없다. 그러나 오늘날의 한 산보객의 자리에서 보자면 서울은 세계에 유례가 없는 미도일 것이다.

도회에 거주하며 식후의 산보로서 풀대님*채로 이러한 유수한 심산에 들어갈 수 있다는 점으로 보아서 서울에 비길 도회가 세계에 어디 다시 있으랴.

회흑색의 지붕 아래 고요히 누워 있는 오백 년의 도시를 눈 아래 굽어보는 여의 사위에는 온갖 고산 식물이 난성하고, 계곡에 흐르는 물소리와 눈 아래 날아드는 기조들은 완연히 여로 하여금 등산객의 정취를 느끼게 한다.

여는 스틱을 바위 틈에 꽂아 놓았다. 그리고 굴러 떨어

* **분요**(紛擾) 어수선하고 소란스러움.
* **이 태조**(太祖) 조선을 세운 이성계.(1335~1408)
* **풀대님** 한복 바지나 고의를 입고 대님을 매지 않은 채 그대로 터놓는 것.

태조 이성계

지기를 면키 위하여 바위와 잔솔의 새에 자리잡고 비스듬히 앉았다. 담배를 피우고 싶었으나, 잠시의 산보로 여기고 담배도 안 가지고 나온 발이 더듬더듬 여기까지 미쳤으므로 담배도 없다.

시야의 한편에는 이삼 장의 바위, 다른 한편에는 푸르른 하늘, 그 끝으로는 솔잎이 서너 개 어렴풋이 보인다. 그윽이 코로 몰려 들어오는 송진 냄새. 소나무에 불리는 바람 소리.

유수키* 짝이 없다. 여가 지금 앉아 있는 자리는 개벽 이래로 과연 몇 사람이나 밟아 보았을까? 이 바위 생긴 이래로 혹은 여가 맨 처음 발 대어 본 것이 아닐까? 아까 바위를 기어서 이 곳까지 올라오느라고 애쓰던 그런 맹랑한 노력을 하여 본 바보가 여 이외에 몇 사람이나 있었을까? 그런 모험을 맛보기 위하여 심산을 찾는 용사는 많을 것이로되 결사적 인왕 등산을 한 사람은 그리 많으리라고 생각되지 않는다.

등 뒤 바위에는 암굴이 있다.

뱀이라도 있을까 무서워서 들어가 보지는 않았지만, 스틱으로 휘저어 본 결과로 세 사람은 넉넉히 들어가 앉아 있음직하다. 이 암굴은 무엇에 이용할 수가 없을까?

음모의 도시 한양은 그새 오백 년간 별별 음흉한 사건이 연출되었다. 시가 끝에서 반 시간 미만에 넉넉히 올 수 있는 이런 가까운 거리에 뚫린 암굴은, 있는 줄 알기만 하였으면 혹은 음모에 이용되지 않았을까?

공상!

유수한 맛에 젖어 있던 여는 이 암굴 때문에 차차 불쾌한 공상에 빠지기 시작하려 한다.

* 유수(幽邃)하다 그윽하고 깊숙하다.

온갖 음모, 그 뒤를 잇는 살육, 모함, 방축*, 이조 오백 년간의 추악한 모양이 여로 하여금 불쾌한 공상에 빠지게 하려 한다.

여는 황망히 이런 불쾌한 공상에서 벗어나려고 또 주머니에 담배를 뒤적였다. 그러나 담배는 여전히 있을 까닭이 없었다.

다시 눈을 들어서 안하를 굽어보면 일면에 깔린 송초.

반짝!

보매 한 줄기의 샘이다. 소나무 틈으로 보이는 그 샘은 아마 바위 틈을 흐르는 샘물인 듯. 똘똘똘똘 들리는 것은 아마 바람 소리겠지. 저렇듯 멀리 아래 있는 샘의 소리가 이 곳까지 들릴 리가 없다.

샘물!

저 샘물을 두고 한 개 이야기를 꾸며 볼 수가 없을까? 흐르는 모양도 아름답거니와 흐르는 소리도 아름답고 그 맛도 아름다운 샘물을 두고 한 개 재미있는 이야기가 여의 머리에 생겨나지 않을까? 암굴을 두고 생겨나려던 음모, 살육의 불쾌한 공상보다 좀더 아름다운 다른 이야기가 꾸며지지 않을까?

여는 바위 틈에 꽂았던 스틱을 도로 뽑았다. 그 스틱으로써 여의 발 아래 바위를 가볍게 두드리면서 한 개의 이야기를 꾸며 보았다.

한 화공이 있다.

화공의 이름은? 지어내기가 귀찮으니 신라 때의 화성*의 이름을 차용하여 솔거라 하여 두자.

시대는?

시대는 이 안하에 보이는 도시가 가장 활기 있고 아름답던 시절인 세

* 방축(放逐) 그 자리에서 좇아 냄.
* 화성(畵聖) 뛰어난 화가를 높이어 이르는 말.

종 성주의 대쯤으로 해 둘까?

백악이 흘러내리다가 맺힌 곳. 거기는 한양의 정기를 한몸에 지닌 경복궁 대궐이 있다. 이 대궐의 북문인 신무문 밖 우거진 뽕밭 새에 중로의 사나이가 오뇌스러운 얼굴을 하고 숨어 있다.

화공 솔거*였다.

무르익은 여름, 뜨거운 볕은 뽕잎이 가려 준다 하나, 훈훈한 기운은 머리 위 뽕잎과 땅에서 우러나서 꽤 무더운 이 뽕밭 속에 숨어 있는 화공. 자그마한 보따리에는 점심까지 싸 가지고 온 것으로 보아서 저녁까지 이곳에 있을 셈인 모양이다. 그러나 무얼 하는지? 단지 땀을 펑펑 흘리며 오뇌스러운 얼굴로 앉아 있을 뿐이다.

왕후 친잠에 쓰이는 이 뽕밭은 잡인들이 다니지 못할 곳이다. 하루 종일을 사람의 그림자 하나 얼씬하지 않는다.

때때로 바람이 우수수하니 통나무 위로 불기는 하나 솔거가 숨어 있는 곳에는 한 점의 바람도 들어오지 않는다. 이 무더운 속에 솔거는 바람이 불 적마다 몸을 흠칫흠칫 놀라며, 그러면서도 무엇을 기다리는 듯이 뽕나무 그루 아래로 저편 앞을 주시하곤 한다.

이윽고 석양이 무악을 넘고 이 도시도 황혼이 들었다. 날이 어둡기를 기다려서 이 화공은 몸을 숨겨 가지고 거기서 나왔다.

"오늘은 헛길. 내일이나 다시 볼까?"

한숨을 쉬면서 제 오막살이를 찾아 돌아가는 화공.

날이 벌써 꽤 어두웠지만 그래도 아직 저녁빛이 약간 남은 곳에 내놓은 이 화공은 세상에 보기 드문 추악한 얼굴의 주인이었다. 코가 질병자루 같다. 눈이 퉁방울 같다. 귀가 박죽 같다. 입이 나발통 같다. 얼굴이

* 솔거(率居) 신라 제24대 진흥왕 때의 화가.

두꺼비 같다.

소위 추한 얼굴을 형용하는 온갖 형용사를 한 얼굴에 지닌 흉한 얼굴의 주인으로서 그 얼굴이 또한 굉장히도 커서 멀리서 볼지라도 그 존재가 완연할 만하다.

이 얼굴을 가지고는 백주에는 나다니기가 스스로 부끄러울 것이다.

아닌게아니라, 솔거는 철이 든 이래 아직껏 백주에 사람 틈에 나다닌 일이 없었다.

일찍이 열여섯 살에 스승의 중매로써 어떤 양가 처녀와 결혼을 하였지만, 그 처녀는 솔거의 얼굴을 보고 기절을 하고 기절에서 깨어나서는 그냥 집으로 도망쳐 버리고, 그 다음에 또 한 번 장가를 들어 보았지만, 그 색시 역시 첫날밤만 정신 모르고 치른 뒤에는 이튿날은 무서워서 죽어도 같이 못 살겠노라고 부모에게 떼를 써서 두 번째의 비극을 겪고.

이러한 두 가지의 사변을 겪고 난 뒤에는 솔거는 차차 여인이라는 것을 보기를 피하여 오다가 그 괴벽이 점점 자라서 나중에는 일체로 사람이란 것의 얼굴을 대하기가 싫어졌다.

사람을 피하기 위하여 — 그리고 또한 일방으로는 화도에 정진하기 위해 인가를 떠나서 백악의 숲 속에 조그만 오막살이를 하나 틀고 거기 숨은 지 근 삼십 년, 생활에 필요한 물건 혹은 그림에 필요한 물건을 구하기 위하여 부득이 거리에 나가야 할 필요가 있을 때는 반드시 밤을 택하였다. 피할 수 없이 낮에 나갈 때는 방립을 쓰고 그 위에 얼굴을 베로 가렸다.

화도에 발을 들여 놓은 지 근 사십 년, 부득이한 금욕 생활, 부득이한 은둔 생활을 경영한 지 삼십 년, 여인에게로 '소모되지 못한' 정력은 머리로 모이고, 머리로 모인 정력은 손끝으로 뻗어서 종이에 비단에 갈겨 던진 그림이 벌써 수천 점. 처음에는 그 그림에 대하여 아무 불만도 느껴 보지 않았다.

하늘에서 타고난 천분과 스승에게서 얻은 훈련과 저축된 정력의 소산인 한 장의 그림이 생겨날 때마다 그것을 보면서 스스로 만족히 여기고 스스로 자랑스러이 여기던 그였다.

그러나 그런 과정을 밟기 이십 년에 차차 그의 마음에 움돋는 불만, 그것은 어떻게 보자면 화도에는 이단적인 생각일는지도 모를 것이다.

좀 다른 것은 그릴 수가 없는가?

산이다. 바다다. 나무다. 시내다. 지팡이 잡은 노인이다. 다리다. 혹은 돛단배다. 꽃이다. 과즉 달이다. 소다. 목동이다.

이 밖에 그가 아직 그려 본 것이 무엇이었던가? 유원한 맛, 단 한 가지밖에 없는 전통적 그림보다 좀더 다른 것을 그려 보고 싶다.

아직껏 스승에게 배우는 바의 백발 백염의 노옹이나 피리 부는 목동 이외에 좀더 얼굴에 움직임이 있는 사람을 그려 보고 싶다. 표정이 있는 얼굴을 그려 보고 싶다.

이리하여 재래의 수법을 아낌없이 내던진 솔거는 그로부터 십 년간을 사람의 표정을 그리느라고 세월을 보냈다. 그러나 사람의 세상을 멀리 떠나서 따로이 사는 이 화공에게는 사람의 표정이 기억에 까맣다.

상인들의 간특한 얼굴, 행인들의 덜 무표정한 얼굴, 새꾼*들의 싱거운 얼굴. 그새 보고 지금도 대할 수 있는 얼굴은 이런 따위뿐이다. 좀더 색채 다른 표정은 없느냐?

색채 다른 표정!

색채 다른 표정!

이 욕망이 화공의 마음에 익고 커 가는 동안, 화공의 머리에 솟아오르

* 새꾼 '나무꾼'의 방언.

는 몽롱한 기억이 있다.

이 화공의 어머니의 표정이다. 지금은 거의 그의 기억에서 사라졌지만 어린 시절에 자기를 품에 안고 눈물 글썽글썽한 눈으로 굽어보던 어머니의 표정이 가끔 한 순간씩 그의 기억의 표면까지 뛰쳐올랐다.

그의 어머니는 희세*의 미녀였다. 대대로 이후의 자손의 미까지 모두 미리 빼앗았던지 세상에 드문 미인이었다.

화공은 이 미녀의 유복자였다. 아비 없는 자식을 가슴에 붙안고 눈물 머금은 눈으로 굽어보던 표정.

철이 든 이래로 자기를 보는 얼굴에서는 모두 경악과 공포밖에는 발견하지 못한 이 화공에게는 사십여 년 전의 어머니의 사랑의 아름다운 얼굴이 때때로 몸서리치도록 그리웠다.

그것을 그려 보고 싶었다.

커다란 눈에 그득히 담긴 눈물. 그러면서도 동경과 애무로서 빛나던 눈. 입가에 떠오르던 미소.

번개와 같이 순간적으로 심안*에 나타났다가는 사라지는 이 환영을 화공은 그려 보고 싶었다. 세상을 피하고 세상에서 숨어 살기 때문에 차차 비뚤어진 이 화공의 괴벽한 마음에는 세상을 그리는 정열이 또한 그만큼 컸다. 그리고 그것이 크면 큰 만큼 마음 속에는 늘 울분과 분만*이 차 있었다.

지금도 세상에서는 한창 계집 사내들이 서로 부둥켜안고 좋다고 야단할 것을 생각하고는 음울한 얼굴로 화필을 뿌리는 화공.

이러한 가운데서 나날이 괴벽하여 가는 이 화공은 한 개 미녀상을 그려 보고자 노심하였다.

---

* 희세(稀世) 세상에 드묾.
* 심안(心眼) 마음의 눈.
* 분만 분해서 가슴이 답답함.

처음에는 단지 아름다운 표정을 가진 미녀를 그려 보고자 하였다. 그러나 미녀를 가까이 본 일이 없는 이 화공이 마음대로 되지 않는 붓끝에 역정을 내며 애쓰는 동안 차차 어느덧 미녀상에 대한 관념이 달라 갔다.

자기의 아내로서의 미녀상을 그려 보고 싶어졌다. 세상은 자기에게 아내를 주지 않았다. 보면 한 마리의 곤충, 한 마리의 날짐승도 각기 짝을 찾아 즐기고 짝을 찾아 좋아하거늘, 만물의 영장인 사람이 짝 없이 오십 년을 보냈다 하는 데 대한 분만이 일어났다.

세상 놈들은 자기에게 한 짝을 주지 않고 세상 계집들은 자기에게 오려는 자가 없이 홀몸으로 일생을 보내다가 언제 죽는지도 모르게 이 산골에서 죽어 버릴 생각을 하면 한심하기보다 도리어 이렇듯 박정한 사람의 세상이 미웠다.

세상이 주지 않는 아내를 자기는 자기의 붓끝으로 만들어서 세상을 비웃어 주리라. 이 세상에 존재한 가장 아름다운 계집보다도 더 아름다운 계집을 자기의 붓끝으로 그려서 못나고도 아름다운 체하는 세상 계집들을 웃어 주리라. 덜난 계집을 아내로 맞아 가지고 천하의 절색이라 믿고 있는 사내놈들도 깔보아 주리라. 사오 명의 처첩을 거느리고 좋다구나고 춤추는 헌놈들도 굽어보아 주리라.

미녀! 미녀!

눈을 감고 생각하고 눈을 뜨고 생각하고 머리를 움켜쥐고 생각해 보나, 미녀의 얼굴이 어떤 것인지 알 수가 없었다.

물론 얼굴에 철요가 없고 이목구비가 제대로 놓였으면 세상 보통의 미인이라 한다. 그런 얼굴에 연지나 그리고 눈에 미소나 그려 놓으면 더 아름다워지기는 할 것이다. 이만 것은 상상의 눈으로도 볼 수가 있는 자며 붓끝으로 그릴 수도 없는 바가 아니다.

그러나 가만 어린 시절의 어머니의 얼굴을 순영적으로나마 기억하는 이 화공으로서는 그런 미녀로는 만족할 수가 없었다.

오뇌와 분만 중에서 흐르는 세월은 일 년 또 일 년 무위히 흘러간다.

미녀의 아랫동이는 그려진 지 벌써 수 년. 그 아랫동이 위에 올려놓일 얼굴은 어떻게 하여얄지 짐작도 가지 않았다.

화공의 오막살이 방 안에 들어서면 맞은편에 걸려 있는 한 폭 그림은 언제든 어서 목과 얼굴을 그려 주기를 기다리듯이 화공을 힐책한다.

화공은 이것을 보기가 거북하였다.

특별한 일이라도 있기 전에는 낮에 거리에 다니지를 않던 화공이 흔히 얼굴을 싸매고 장안을 돌아다녔다. 행여나 길에서라도 미녀를 만날까 하는 요행심으로였다.

길에서 순간적으로라도 마음에 드는 미녀를 볼 수만 있으면 그것을 머리에 똑똑히 캐치하여 그 기억으로써 화상을 그릴까 하는 요행심으로…….

그러나 내외법이 심한 이 도회에서 대낮에 양가의 부녀가 얼굴을 내놓고 길을 다니지 않았다. 계집이라는 것은 하인배나 하류배뿐이었다.

하인배, 하류배에도 때때로 미녀라 일컬을 자가 있기는 있었다. 그러나 아무리 산뜻한 미를 갖기는 했다 하나 얼굴에 흐르는 표정이 더럽고 비열하여 캐치할 만한 자가 없었다.

얼굴을 싸매고 거리를 방황하며 혹은 계집들이 많이 모이는 우물가나 저자를 비슬비슬 방황하며, 어찌어찌하여 약간 예쁜 듯한 계집이라도 보이면 따라가면서 얼굴을 연구해 보고 했으나, 마음에 드는 미녀는 지금껏 얻어 내지를 못하였다.

혹은 심규*에는 마음에 드는 계집이라도 있을까? 심규! 심규! 한번 심규의 계집들을 모조리 눈앞에 벌여 세우고 얼굴 검사를 하여 보았으면……. 초조하고 성가신 가운데서 날을 보내고 날을 맞으면서 미녀를 구하던 화공은 마지막 수단으로 친잠 상원에 들어가서 채상하는 궁녀의 얼굴을 얻어 보려 하였다. 그러나 불행히도 화공의 모험도 헛길로 돌아가고, 그 날은 채상을 하러 오지도 않았다.

그러나 때 바야흐로 누에 시절이라 길만성 있게 기다리노라면 궁녀가 오는 날도 있을 것이다. 미녀 — 아내의 얼굴을 그리려는 욕망에 열이 오르고 독이 난 이 화공은 그 이튿날도 또 뽕밭에 들어가 숨었다. 기다리지 않을 수가 없었다.

그로부터 한 달, 화공은 나날이 점심을 싸 가지고 상원으로 갔다. 그러

* 심규(深閨) 여자가 거처하는 깊숙이 들어앉은 방이나 집.

나 저녁때 제 오막살이로 돌아올 때는 언제든 그의 입에서는 기다란 탄식성이 나왔다.

궁녀를 못 본 바가 아니었다.

마치 여기 숨어 있는 화공에게 선보이려는 듯이 나날이 궁녀들은 번갈아 왔다. 한 떼씩 밀려와서는 옷소매 치맛자락을 펄럭이며 뽕을 따 갔다. 한 달 동안에 합계 사오십 명의 궁녀를 보았다.

모두 일률로 미녀들이었다. 그리고 길가 우물가에서 허투루 볼 수 있는 미녀들보다 고아한 얼굴임에 틀림이 없었다.

그러나 그 눈. 화공의 보는 바는 눈이었다.

그 눈에 나타난 애무와 동경이었다. 철철 넘쳐 흐르는 사랑이었다. 그것이 궁녀에게는 없었다. 말하자면 세상 보통의 미녀였다.

자기에게 계집을 주지 않는 고약한 세상에게 보복하는 의미로 절색의 미녀를 차지하고자 하는 이 화공의 커다란 야심으로서는 그만 따위의 미녀로 만족할 수가 없었다.

오막살이로 돌아올 때마다 그의 입에서 나오는 기다란 한숨, 이런 한숨을 쉬기 한 달 — 그는 다시 상원에 가지 않았다.

가을 하늘 맑고 푸르른 어떤 날이었다.

마음 속에 분만과 동경을 가득히 담은 이 화공은 저녁 쌀을 씻으러 소쿠리를 옆에 끼고 시내로 더듬어 갔다.

가다가 발을 멈추었다.

우거진 소나무 틈으로 보이는 시냇가 바위 위에 웬 처녀가 하나 앉아 있다. 솔가지 틈으로 내리비치는 얼룩지는 석양을 받고 망연히 앉아서 흐르는 시냇물을 내려다보고 있다.

웬 처녀일까?

인가에서 꽤 떨어진 이 곳. 사람의 동리보다 꽤 높은 이 곳. 길도 없는 이 곳 — 아직껏 삼십 년간을 때때로 초부나 목동의 방문은 받아 본 일이 있지만 다른 사람의 자취를 받아 보지 못한 이 곳에 웬 처녀일까?

화공도 망연히 서서 바라보았다. 바라볼 동안 가슴에 차차 무거운 긴장을 느꼈다.

한 걸음 두 걸음 화공은 발소리를 감추고 나아갔다. 차차 그 상거*가 가까워 감에 따라서 분명하여 가는 처녀의 얼굴.

화공의 얼굴에는 피가 떠올랐다.

세상에 드문 미녀였다. 나이는 열일여덟. 그 얼굴 생김이 아름답기보다 얼굴 전면에 나타난 표정이 놀랄 만큼 아름다웠다.

흐르는 시내에 눈을 부었는지 귀를 기울였는지, 하여간 처녀의 온 주의력은 시내에 모여 있다. 커다랗게 뜨인 눈은 깜박일 줄도 잊은 듯이 황홀한 눈으로 시내를 굽어보고 있다.

남벽*의 시냇물에는 용궁이 보이는가? 소나무 그루에 부딪혀서 튀어나는 바람에 앞머리를 약간 날리면서 처녀가 굽어보고 있는 것은 무엇인가? 처녀의 공상과 정열과 환희가 한꺼번에 모인 절묘한 미소를 눈과 입에 띠고 일심불란히 처녀가 굽어보는 것은 무엇인가?

아아!

화공은 드디어 발견하였다. 그 새 십 년간을 여항의 길거리에서, 혹은 우물가에서 내지는 친잠 상원에서 발견하여 보려고 애쓰다가 종내 달하지 못한 놀랄 만한 아름다운 표정을 화공은 뜻 안 한 여기서 발견하였다.

화공은 걸음을 빨리하였다. 자기의 얼굴이 얼마나 더럽게 생겼는지, 이 처녀가 자기를 쳐다보면 얼마나 놀랄지, 이 점을 완전히 잊고 걸음을 빨리하여 처녀의 쪽으로 갔다.

---

* **상거**(相距) 서로 떨어진 거리.
* **남벽**(藍碧) 짙은 푸른 빛.

처녀는 화공의 발소리에 머리를 번쩍 들었다. 화공을 바라보았다. 그 무한히 먼 곳을 바라보는 듯한 기묘한 눈을 들어서.

"아."

가슴이 무직하여 무슨 말을 하여야 할지 망설이며 화공이 반벙어리 같은 소리를 할 때에 처녀가 먼저 입을 열었다.

"여기가 어디오니까?"

여기가 어디?

"여기는 인왕산록 이름도 없는 산이지만 너는 웬 색시냐?"

"네……."

문득 떠오르는 적적한 표정.

"더듬더듬 시내를 따라왔습니다."

화공은 머리를 기울였다. 몸을 움직여 보았다. 무한히 먼 곳을 바라보는 듯한 처녀의 눈은 그냥 움직임 없이 커다랗게 뜨여 있기는 하지만, 어디를 보는지, 무엇을 보는지 알 수가 없다.

드디어 화공은 부르짖었다.

"너 앞이 보이느냐?"

"소경이올시다."

소경이었다. 눈물 머금은 소리로 하는 이 대답을 듣고 화공은 더 가까이 갔다.

"앞도 못 보면서 어떻게 무얼 하러 예까지 왔느냐?"

처녀는 머리를 푹 수그렸다. 무슨 대답을 하는 듯하였으나 화공은 알아듣지 못하였다. 그러나 화공으로 하여금 적이 호기심을 잃게 한 것은 처녀의 얼굴에 아까와 같은 놀라운 매력 있는 표정이 없어진 것이었다.

그만하면 보기 드문 미인임에는 틀림이 없다. 그러나 아까 화공이 그렇듯 놀란 것은 단지 미인인 탓이 아니었다. 그 얼굴에 나타난 놀라운 매력에 끌린 것이었다.

"불쌍도 허지. 저녁도 가까워 오는데 어둡기 전에 집으로 내려가거라."

이만치 하여 화공은 처녀를 포기하려 하였다. 이 말에 처녀가 응하였다.

"어두운 것은 탓하지 않습니다마는 황혼은 매우 아름답다지요?"

"그럼 아름답구말구."

"어떻게 아름답습니까?"

"황금빛이 서산에서 줄기줄기 비추이는구나. 거기 새빨갛게 물든 천하—푸르른 소나무도, 남빛 바위도, 검붉은 나무 그루도 황금빛에 잠겨서…….”

“황금빛은 어떤 것이고 새빨간 빛과 붉은 빛이며 남빛은 모두 어떤 빛이오니까? 밝은 세상이라지만 밝은 빛과 붉은 빛이 어떻게 다릅니까? 이 산 경치가 아름답다는 소문을 듣고 더듬어 왔습니다마는 바람 소리, 돌물 소리, 귀로 들리는 소리밖에는 어디가 아름다운지 알 수가 없습니다.”

차차 다시 나타나는 미묘한 표정. 커다랗게 뜬 눈에 비치는 동경의 물결. 일단 사라졌던 아름다운 표정은 다시 생기가 비롯하였다.

화공은 드디어 처녀의 맞은편에 가 앉았다.

“이 샘줄기를 따라 내려가면 바다가 있구, 바다 속에는 용궁이 있구나. 칠색 비단을 감은 기둥과 비취를 아로새긴 댓돌이며 황금으로 만든 풍경. 진주로 꾸민 문설주…….”

마주앉아서 엮어 내리는 이 화공의 이야기에 각일각* 더욱 황홀하여 가는 처녀의 눈이었다. 드디어 이 처녀를 자기의 오막살이로 데리고 돌아갈 궁리를 하였다.

“내 용궁 이야기를 들려 주마. 너희 집에서 걱정만 안 하실 것 같으면…….”

화공이 이렇게 꼬일 때에 처녀는 그의 커다란 눈을 들어서 유원히 하늘을 우러러보면서 자기네 부모는 병신 딸 따위는 없어져도 근심을 안 한다고 쾌히 화공의 뒤를 따랐다.

일사천리로 여기까지 밀려오던 여의 공상은 문득 중단되었다. 이야기

* 각일각(刻一刻) 시간이 가는 대로 자꾸자꾸.

를 어떻게 진전시키나?

잡념이 일어난다. 동시에 여의 귀에 들려오는 한 절의 유행가.

여는 머리를 들었다. 저편 뒤 어디 잡인들이 온 모양이다. 그 분요가 무의식 중에 귀로 들어와서 여의 집중되었던 머리를 헤쳐 놓았다.

귀찮은 가사들이여. 저주받을 가사들이여.

이 저주받을 가사들 때문에 중단된 이야기는 좀체 다시 모이지 않았다. 그러나 결말 없는 이야기가 어디 있으랴? 되었던 결말은 지어야 할 것이 아닌가?

그러면 그 화공은 처녀를 데리고 제 오막살이로 돌아와서 용궁 이야기를 들려 주면서 그 동안에 처녀의 얼굴을 그대로 그려서 십 년래의 숙망* 을 성취하였다는 결말로 맺어 버릴까?

그러나 이런 싱거운 결말이 어디 있으랴? 결말이 되기는 되었지만 이따위 결말을 짓기 위하여 그런 서두는 무의미한 것이다.

그러면?

그럼 다르게 결말을 맺어 볼까?

화공은 처녀를 제 오막살이로 데리고 돌아왔다. 그리고 처녀에게 용궁 이야기를 들려 주었다. 그러나 아까 용궁 이야기로 초벌 들은 처녀는 이번은 그렇듯 큰 감흥도 느끼지 않는 모양으로 그다지 신통한 표정도 보이지 않았다. 화공의 계획은 수포로 돌아갔다. 화공은 그 그림을 영 미완품 채로 남기지 않을 수 없었다.

역시 마음에 들지 않는 결말이다.

그럼 또다시 — .

화공은 처녀를 데리고 돌아왔다. 돌아와서 처녀를 보면 볼수록 탐스러워서 그림은 집어던지고 처녀를 아내로 삼아 버렸다. 앞을 못 보는 처녀

* 숙망(宿望) 오래 전부터 품고 있는 소망.

는 이 추하게 생긴 화공에게도 아무 불만이 없이 일생을 즐겁게 보냈다. 그림으로나 아내를 얻으려던 화공은 절세의 미녀를 아내로 얻게 되었다. 역시 불만이다. 귀찮고 성가시다. 저주받을 유행 가사여.

여는 일어났다. 감흥을 잃은 이 자리에 그냥 앉아 있기가 싫었다. 그냥 들리는 유행가. 그것이 안 들리는 곳으로 자리를 옮기자.

굽어보매 저 멀리 소나무 틈으로 한 줄기 번득이는 것은 아까의 샘물이다. 그 샘물로, 가장 이 이야기의 원천이 된 그 샘으로 내려가자.

벼랑을 내려가기는 올라가기보다 더 힘들었다. 올라가는 것은 올라가다가 발을 실수하여 떨어지면 과즉 제자리에 내린다. 그러나 내려가다가 발을 실수하면 어디까지 굴러갈지 예측할 길이 없다. 잘못하다가는 청운동 어귀까지 굴러갈는지도 모를 일이다. 게다가 올라갈 때에는 도움이 되던 스틱조차 내려갈 때에는 귀찮기 짝이 없다.

반 각이나 걸려서 여는 드디어 그 샘가에 도달했다.

샘가에는 과연 한 개의 바위가 사람 하나 앉기 좋을 만한 자리가 있다. 이 바위가 화공이 쌀 씻던 바위일까? 처녀가 앉아서 공상하던 바위일까? 그 아래를 깊은 남벽으로 알았더니 겨우 한 뼘 미만의 얕은 물로서 바위 위를 기운 없이 뚤뚤 흐르고 있다.

그러나 이 골짜기는 고요하기 짝이 없었다. 바람 소리도 멀리 위에서만 들린다. 그리고 소나무와 바위에 둘러싸여서 꽤 음침한 이 골짜기는 옛날 세상을 피한 화공이 즐겨하였음직 하다.

자, 그러면 이 골짜기에서 아까 그 이야기의 꼬리를 마저 지을까?

화공은 처녀를 데리고 오막살이로 돌아왔다.

그의 마음은 너무도 긴장되고 또한 기뻐서 저녁도 짓기 싫었다. 들어와 보매 벌써 여러 해를, 멀리 달리기를 기다리는 족자의 여인의 몸집조차 흔연히 화공을 맞는 듯하였다.

"자, 거기 앉아라."

수년간 화공을 힐책하던 머리 없는 그림이 화공 앞에 펴졌다. 단청도 준비되었다. 터질 듯 울렁거리는 마음으로 폭 앞에 자리를 잡은 화공은 빛이 비치도록 남향하여 처녀를 앉히고 손으로는 붓을 적시며 이야기를 꺼내었다.

벌써 황혼은 이제 얼마 남지 않은 오늘 해로써 숙망을 달하려 하는 것이었다. 십 년간을 벼르기만 하면서 착수를 못 했기 때문에 저축되었던 화공의 힘은 손으로 모였다.

"그리구 — 알겠지?"

눈으로 처녀의 얼굴을 보며 입으로는 용궁 이야기를 하며 손은 번개같이 붓을 둘렀다.

"용궁에는 여의주라는 구슬이 있구나. 이 여의주라는 구슬은 마음에 있는 바는 다 달할 수 있는 보물로서, 그 구슬을 네 눈 위에 한 번 굴리기만 하면 너도 광명한 일월을 보게 된다."

"네? 그런 구슬이 있습니까?"

"있구말구. 네가 내 말을 잘 듣고 있기만 하면 수일 내로 너를 데리고 용궁에 가서 여의주를 빌어서 네 눈도 고쳐 주마."

"그러면 광명한 일월을 볼 수 있겠습니까?"

"그럼 광명한 일월, 무지개라는 칠색이 영롱한 기묘한 것, 아름다운 수풀, 유수한 골짜기, 무엇인들 못 보랴!"

"아이구, 어서 그 여의주를 구해서……."

아아, 놀라운 아름다운 표정이었다. 화공은 처녀의 얼굴에 나타나 넘치는 이 놀라운 표정을 하나도 잃지 않고 화폭 위에 옮겼다.

황혼은 어느덧 밤으로 변하였다. 이 때는 그림의 여인에게는 단지 눈동자가 그려지지 않은 뿐 그 밖의 것은 죄 완성이 되었다.

동자까지 그리고 싶었다. 그러나 이 그림의 생명을 좌우할 눈동자를 그리기에는 날은 너무도 어두웠다.

눈동자 하나쯤이야 밝은 날로 남겨 둔들 어떠랴. 하여간 십 년 숙망을 겨우 달한 화공의 심사는 무엇에 비기지 못하도록 기뻤다.

"아 — 아."

이 탄성은 오래 벼르던 일이 끝날 때에 나는 기쁨의 소리였다. 이 일단의 안심과 함께 화공의 마음에는 또 다른 긴장과 정열이 솟아올랐다.

꽤 어두운 가운데서 처녀의 얼굴을 유심히 보기 위하여 화공이 잡은 자리는 처녀의 무릎과 서로 닿을 만치 가까웠다. 그림에 대한 일단의 안심과 함께 화공의 코로 몰려 들어오는 강렬한 처녀의 체취와 전신으로 느끼는 처녀의 접근 때문에 화공의 신경은 거의 마비될 듯싶었다. 차차 각일각 몸까지 떨리기 시작하였다. 어두움 가운데서 황홀스러이 빛나는 처녀의 커다란 눈은, 정열로 들먹거리는 입술은 화공의 정신까지 혼미하게 하였다.

밝는 날, 화공과 소경 처녀의 두 사람은 벌써 남이 아니었다.

"오늘은 동자를 완성시키리라."

삼십 년의 독신 생활을 벗어 버린 화공은 삼십 년간을 혼자 먹던 조반을 소경 처녀와 같이 먹고 다시 그림 폭 앞에 앉았다.

"용궁은?"

기쁨으로 빛나는 처녀의 눈.

그러나 화공의 심미안에 비친 그 눈은 어제의 눈이 아니었다. 아름답기는 다시 없는 눈이었다. 그러나 그 눈은 사랑을 구하는 여인의 눈이었다. 병신이라 수모받던 전생을 벗어 버리고 어젯밤 처음으로 인생의 봄을 맛본 처녀는 이제는 한 개의 지어미의 눈이요, 한 개의 애욕의 눈이었다.

"용궁은?"

"용궁에 어서 가서 여의주를 얻어서 제 눈을 띄어 주세요. 밝은 천지도 천지려니와 당신을 어서 눈 뜨고 보고 싶어……."

어젯밤 잠자리에서 자기는 스물네 살 난 풍신 좋은 사내라고 자랑한 화공의 말을 그대로 믿는 소경 처녀였다.

"응, 얻어 주지. 그 칠색이 영롱한……."

"그 칠색이 어서 보고 싶어요."

"그래 그래. 좌우간 지금 머리로 생각해 보란 말이야."

"네, 참 어서 보고 싶어서……."

굽어보면 무릎 앞의 그림은 어서 한 점 동자를 찍어 주기를 기다리고 있다.

그러나 소경의 눈에 나타난 것은 아름답기는 아름다우나 그것은 애욕의 표정에 지나지 못하였다. 그런 눈을 그리려고 십 년을 고심한 것은 아니었다.

"자, 용궁을 생각해 봐!"

"생각이나 하면 뭘 합니까, 어서 이 눈으로 보아야지."

"생각이라도 해 보란 말이야."

"짐작이 가야 생각도 하지요."

"어제 생각하던 대로 생각을 해 봐!"

"네……."

화공은 드디어 역정을 내었다.

"자, 용궁! 용궁!"

"네……."

"용궁을 생각해 봐! 그래, 용궁이 어때?"

"칠색이 영롱하구요."

"그래, 또?"

"또 황금 기둥, 아니 비단으로 싼 기둥이 있구요. 또 푸른 진주가!"

"푸른 진주가 아냐! 푸른 비취지."

"비취 추녀던가 문이던가?"

"에익! 바보!"

화공은 커다란 양손으로 칵 소경의 어깨를 잡았다. 잡고 흔들었다.

"자, 다시 곰곰이. 용궁은?"

"용궁은 바닷속에……."

겁에 떠서 어릿거리는 소경의 양에 화공은 손으로 따귀를 갈기지 않을 수가 없었다.

"바보!"

이런 바보가 어디 있으랴? 보매 그 병신 눈은 깜박일 줄도 모르고 허공을 바라보고 있다. 그 천치 같은 눈을 보매 화공의 노염은 더욱 커졌다. 화공은 양손으로 소경의 멱을 잡았다.

"에이, 바보야. 천치야. 병신아!"

생각나는 저주의 말을 연하여 퍼부으면서 소경의 멱을 잡고 흔들었다. 그리고 병신답게 멀겋게 뜬 눈자위에 원망의 빛깔이 나타나는 것을 보고 더욱 힘있게 흔들었다. 흔들다가 화공은 탁 그 손을 놓았다. 소경의 몸이 너무도 무거워졌으므로.

화공의 손에서 놓인 소경의 몸은 눈을 위솟은 채 번뜻 나가 넘어졌다. 넘어지는 서슬에 벼루가 전복되었다. 뒤집어진 벼루에서 튀어난 먹방울이 소경의 얼굴에 덮였다.

깜짝 놀라서 흔들어 보매 소경은 벌써 이 세상의 사람이 아니었다.

화공은 어찌할 줄을 몰랐다. 망지소조*하여 허둥거리던 화공은 눈을 뜻없이 자기의 그림 위에 던지다가 소리를 내며 자빠졌다.

그 그림의 얼굴에는 어느덧 동자가 찍혔다. 자빠졌던 화공이 좀 정신을 가다듬어 가지고 몸을 겨우 일으켜서 다시 그림을 보매, 두 눈에는 완전히 동자가 그려진 것이었다.

그 동자의 모양이 또한 화공으로 하여금 다시 털썩 엉덩이를 붙이게 하였다. 아까 소경 처녀가 화공에게 멱을 잡혔을 때에 그의 얼굴에 나타났던 원망의 눈! 그림의 동자는 완연히 그것이었다.

소경이 넘어지는 서슬에 벼루를 엎는다는 것은 기이할 것도 없고 벼루

* 망지소조(罔知所措) 갈팡질팡 어찌할 바를 모름.

엎어질 때에 먹 방울이 튄다는 것도 기이하달 수도 없지만, 그 먹 방울이 어떻게 그렇게도 기묘하게 떨어졌을까? 먹이 떨어진 동자로부터 먹물이 번진 홍채에 이르기까지 어찌도 그렇게 기묘하게 되었을까?

한편에는 송장, 한편에는 송장의 화상을 놓고 망연히 앉아 있는 화공의 몸은 스스로 멈출 수 없이 와들와들 떨렸다.

수일 후부터 한양성 내에는 괴상한 여인의 화상을 들고 음울한 얼굴로 돌아다니는 늙은 광인 하나가 생겼다. 그의 내력을 아는 사람이 없었고, 그의 근본을 아는 사람이 없었다. 그 괴상한 화상을 너무도 소중히 여기므로 사람들이 보고자 하면 그는 기를 써서 보이지 않고 도망하여 버리곤 한다.

이렇게 수년간을 방황하다가 어떤 눈보라 치는 날 돌베개를 베고 그의 일생을 마감하였다. 죽을 때도 그는 그 족자는 깊이 품에 품고 죽었다.

늙은 화공이여. 그대의 쓸쓸한 일생을 여는 조상하노라.

여는 지팡이로 물을 두어 번 저어 보고 고즈넉이 몸을 일으켰다.

우러러보매 여름의 석양은 벌써 백악 위에서 춤추고, 이 천고의 계곡을 산새가 남북으로 건넌다.

붉은 산
–어떤 의사의 수기

그것은 여가 만주를 여행할 때의 일이었다. 만주의 풍속도 좀 살필 겸 아직껏 문명의 세례를 받지 못한 그들 사이에 퍼져 있는 병을 좀 조사할 겸 해서 일 년의 기한을 예산하여 가지고 만주를 시시콜콜이 다 돌아온 적이 있었다. 그 때에 ××촌이라 하는 조그만 촌에서 본 일을 여기에 적고자 한다.

××촌은 조선 사람 소작인*만 사는 한 이십여 호 되는 작은 촌이었다. 사면을 둘러보아도 한 개의 산도 볼 수가 없는 광막한* 만주의 벌판 가운데 놓여 있는 이름도 없는 작은 촌이었다.

몽고 사람 종자를 하나 데리고 노새를 타고 만주의 농촌을 돌아다니던 여가 그 ××촌에 이른 때는 가을도 다 가고 어느덧 광포한 북국의 겨울이 만주를 찾아온 때였다.

* 소작인(小作人) 남의 땅을 빌려 농사를 짓는 사람.
* 광막(廣漠)하다 아득하게 넓다.

만주의 어느 곳이나 조선 사람이 없는 곳은 없지만 이러한 오지에서 한 동네가 죄 조선 사람으로만 되어 있는 곳을 만나니 반가웠다. 더구나 그 동네는 비록 모두가 만주국인의 소작인이라 하나, 사람들이 비교적 온량하고 정직하며 장성한 이들은 그래도 모두 천자문 한 권쯤은 읽은 사람들이었다. 살풍경*한 만주 — 그 가운데서 살풍경한 살림을 하는 만주국인이며 조선 사람의 동네를 근 일 년이나 돌아다니다가 비교적 평화스런 이런 동네를 만나면, 그것이 비록 외국인의 동네라 하여도 반갑겠거든, 하물며 우리 같은 동족의 동리임에랴. 여는 그 동네에서 한 십여 일 이상을 일없이 매일 호별 방문을 하며 그들과 이야기로 날을 보내며, 오래간만에 맛보는 평화적 기분을 향략하고 있었다.

'삵' 이라는 별명을 가지고 있는 '정익호' 라는 인물을 본 곳이 여기서 이다.

익호라는 인물의 고향이 어디인지는 ××촌에서 아무도 아는 사람이 없었다. 사투리로 보아서 경기도 사투리인 듯하지만 빠른 말로 재재거리는 때에는 영남 사투리가 보일 때도 있고, 싸움이라도 할 때는 서북 사투리가 보일 때도 있었다. 그런지라 사투리로써 그의 고향을 짐작할 수는 없었다. 쉬운 일본말도 알고, 한문 글자도 좀 알고, 중국말은 물론 꽤 하고, 쉬운 러시아말도 할 줄 아는 점 등등 이곳 저곳 숱하게 주워 먹은 것은 짐작이 가지만 그의 경력을 똑똑히 아는 사람은 없었다.

그는 여가 ××촌에 가기 일 년 전쯤 빈손으로 이웃이라도 오듯 후덕덕 ××촌에 나타났다 한다. 생김생김으로 보아서 얼굴이 쥐와 같고 날카로운 이빨이 있으며, 눈에는 교활함과 독한 기운이 늘 나타나 있으며, 바룩한 코에는 코털이 밖으로까지 보이도록 길게 났고, 몸집은 작으나

* 살풍경(殺風景) 아주 보잘것 없거나 쓸쓸한 풍경.

민첩하게 되었고, 나이는 스물다섯에서 사십까지 임의로 볼 수가 있으며, 그 몸이나 얼굴 생김이 어디로 보든 남에게 미움을 사고 근접치 못할 놈이라는 느낌을 갖게 한다.

그의 장기*는 투전이 일쑤며, 싸움 잘 하고, 트집 잘 잡고, 칼부림 잘 하고, 색시에게 덤벼들기 잘 하는 것이라 한다.

생김생김이 벌써 남에게 미움을 사게 되었고, 게다가 하는 행동조차 변변치 못한 일만이라, ××촌에서도 아무도 그를 대적하는 사람이 없었다. 사람들은 모두 그를 피하였다. 집이 없는 그였으나 뉘집에 잠이라도 자러 가면 그 집 주인은 두말 없이 다른 방으로 피하고 이부자리를 준비하여 주고 하였다. 그러면 그는 이튿날 해가 낮이 되도록 실컷 잔 뒤에 마치 제 집에서 일어나듯 느직이 일어나서 조반을 청하여 먹고는 한마디의 사례도 없이 나가 버린다.

그리고 만약 누구든 그의 청구에 응치 않으면 그는 그것을 트집으로 싸움을 시작하고, 싸움을 하면 반드시 칼부림을 하였다.

동네의 처녀들이며 젊은 색시들은 익호가 이 동네에 들어온 뒤부터는 마음놓고 나다니지를 못하였다. 철없이 나갔다가 봉변을 당한 사람도 몇이 있었다.

'삵!'

이 별명은 누가 지었는지 모르지만 어느덧 ××촌에서는 익호를 익호라 부르지 않고 삵이라고 부르게 되었다.

"삵이 뉘집에서 묵었나?"

"김 서방네 집에서."

"다른 봉변은 없었다나?"

---

* 장기(長技) 가장 잘 하는 재주.

"요행히 없었다네."

그들은 아침에 깨면 서로 인사 대신으로 삵의 거취를 알아보곤 하였다.

삵은 이 동네에 커다란 암종이었다. 삵 때문에 아무리 농사에 사람이 부족한 때라도 젊고 튼튼한 몇 사람은 동네의 젊은 부녀를 지키기 위하여 동네 안에 머물러 있지 않을 수가 없었다. 삵 때문에 부녀와 아이들은 아무리 더운 여름 저녁이라도 길에 나서서 마음놓고 바람을 쐬어 보지를 못하였다. 삵 때문에 동네에서는 닭의 가리며 돼지우리를 지키기 위하여 밤을 새우지 않을 수가 없었다.

동네의 노인이며 젊은이들은 몇 번을 모여서 삵을 이 동리에서 내쫓기를 의논하였다. 물론, 합의는 되었다. 그러나 내쫓는 데 선착수*할 사람이 없었다.

"첨지가 선착수하면 뒤는 내 감당하마."

"뒤는 걱정 말고 형님 먼저 말해 보시오."

제각기 삵에게 먼저 달려들기를 피하였다.

이리하여 동리에서는 합의는 되었으나 삵은 그냥 태연히 이 동리에 묵어 있게 되었다.

"며늘년들이 조반이나 지었나?"

"손주놈들이 잠자리나 준비했나?"

마치 그 동네의 모두가 자기의 집안인 것같이 삵은 마음대로 이집 저집을 드나들었다.

××촌에서는 사람이라도 죽으면 반드시 조상 대신으로,

"삵이나 죽지 않고."

하는 한 마디의 말을 잊지 않고 하였다.

* 선착수(先着手) 어떤 일에 남보다 먼저 손을 대는 것.

누가 병이라도 나면,

"에익! 이놈의 병 삵한테로 가거라."

하였다.

암종 — 누구나 삵을 동정하거나 사랑하는 사람이 없었다.

삵도 남의 동정이나 사랑은 벌써 단념한 사람이었다. 누가 자기에게 어떤 대접을 하든 탓하지 않았다. 보이는 데서 보이는 푸대접을 하면 그 트집으로 반드시 칼부림까지 하는 그였지만 뒤에서 아무런 말을 할지라도, 그리고 그것이 삵의 귀에까지 갈지라도 탓하지 않았다.

"흥……."

이 한마디는 그의 가장 큰 처세 철학이었다.

흔히 곁동네 만주국인들의 투전판에 가서 투전을 하였다. 때때로 두들겨 맞고 피투성이가 되어서 돌아오는 일도 있었다. 그러나 그는 그 하소연을 하는 일이 없었다. 한다 할지라도 들을 사람도 없거니와 — 아무리 무섭게 두들겨 맞은 뒤라도 하루만 샘물에 상처를 씻고 절룩절룩한 뒤에는 또 이튿날은 천연히 나다녔다.

여가 ××촌을 떠나기 전날이었다.

송 첨지라는 노인이 그 해 소출*을 나귀에 실어 가지고 만주국인 지주가 있는 촌으로 갔다. 그러나 돌아올 때는 송장이 되었다. 소출이 좋지 못하다고 두들겨 맞아서 부러져 꺾여진 송 첨지는 나귀 등에 몸이 결박되어서 겨우 ××촌으로 돌아왔다. 그리고 놀란 친척들이 나귀에서 몸을 내릴 때에 절명되었다.

××촌에서는 왁자하였다*.

---

* 소출(所出) 논밭에서 생산되는 곡식 또는 그 곡식의 양.
* 왁자하다 정신이 어지럽도록 떠들썩하다.

"원수를 갚자!"

명 아닌 목숨을 끊은 송 첨지를 위하여 동네의 젊은이며 늙은이는 모두 흥분되었다. 제각기 이제라도 들고일어설 듯하였다.

그러나 그뿐이었다. 누구든 앞장을 서려는 사람이 없었다. 만약, 이때에 누구든 앞장을 서는 사람만 있었더라면 그들은 곧 지주에게로 달려갔을지 모른다. 그러나 제가 앞장을 서겠노라고 나서는 사람은 없었다. 제각기 곁사람을 돌아보았다.

발을 굴렀다. 부르짖었다. 학대받는 인종의 고통을 호소하며 울었다. 그러나 — 그뿐이었다. 남의 일로 지주에게 반항하여 제 밥자리까지 떼이기를 꺼림인지 어쩐지는 여로는 모를 바로되, 용감히 앞서서 나가는 사람은 없었다.

의사라는 여의 직업상 송 첨지의 시체를 검분*을 한 뒤에 돌아오는 길에 여는 삵을 만났다.

키가 작은 삵을 여는 내려다보았다. 삵은 여를 쳐다보았다.

'가련한 인생아. 인종의 거머리야. 가치 없는 인생아. 밥버러지야. 기생충아.'

여는 삵에게 말하였다.

"송 첨지가 죽은 줄 아나?"

여의 말에 아직껏 여를 쳐다보고 있던 삵의 얼굴이 아래로 떨어졌다. 그리고 여가 발을 떼려는 순간 얼핏 삵의 얼굴에 나타난 비창*한 표정을 여는 넘길 수가 없었다.

고향을 떠나 만 리 밖에서 학대받는 인종의 가엾음을 생각하고 그 밤은 여도 잠을 못 이루었다.

그 억분함을 호소할 곳도 못 가진 우리의 처지를 생각하고 여도 눈물을 금치 못하였다.

이튿날 아침이었다.

여를 깨우러 달려오는 사람의 소리에 여는 반사적으로 일어났다.

* 검분(檢分) 입회하여 검사함.
* 비창(悲愴) 슬프고 마음이 아픔.

삵이 동구* 밖에서 피투성이가 되어 죽어 있다는 것이었다.

여는 삵이라는 말에 눈살을 찌푸렸다. 그러나 의사라는 직업상 곧 가방을 수습하여 가지고 삵이 넘어진 데까지 달려갔다. 송 첨지의 장례식 때문에 모였던 사람 몇은 여의 뒤로 따라왔다.

여는 보았다. 삵의 허리가 기역자로 뒤로 부러져서 밭고랑 위에 넘어져 있는 것을. 여는 달려가 보았다. 아직 약간의 온기는 있었다.

"익호! 익호!"

그러나 그는 정신을 못 차렸다. 여는 응급 수단을 하였다. 그의 사지는 무섭게 경련되었다.

이윽고 그가 눈을 번쩍 떴다.

"익호! 정신 드나?"

그는 여의 얼굴을 보았다. 끝이 없이 한참을 쳐다보았다. 그의 눈동자가 움직였다. 겨우 처지를 깨달은 모양이었다.

"선생님, 저는 갔었습니다."

"어디를?"

"그놈……지주 놈의 집에……."

무얼? 여는 눈물이 나오려는 눈을 힘있게 닫았다. 그리고 덥석 그의 벌써 식어 가는 손을 잡았다. 잠시의 침묵이 계속되었다. 그의 사지에서는 무서운 경련이 끊임없이 일었다. 그것은 죽음의 경련이었다. 듣기 힘든 작은 그의 소리가 또 그의 입에서 나왔다.

"선생님."

"보구 싶어요. 전 보구 시……."

"뭐이?"

그는 입을 움직였다. 그러나 말이 안 나왔다. 기운이 부족한 모양이었

* **동구**(洞口) 마을 어귀.

다. 잠시 뒤에 그는 또다시 입을 움직였다.

무슨 소리가 그의 입에서 나왔다.

"무얼?"

"보구 싶어요. 붉은 산이…… 그리고 흰 옷이!"

아아, 죽음에 임하여 그는 고국과 동포가 생각난 것이었다. 여는 힘있게 감았던 눈을 고즈넉이 떴다. 그 때에 삵의 눈도 번쩍 뜨이었다. 그는 손을 들려고 하였다. 그러나 이미 부러진 그의 손은 들리지 않았다. 그는 머리를 돌이키려 하였다. 그러나 힘이 없었다.

그는 마지막 힘을 혀끝에 모아 가지고 다시 입을 열었다.

"선생님!"

"왜?"

"저것…… 저것……."

"무얼?"

"저기 붉은 산이…… 그리고 흰 옷이…… 선생님, 저게 뭐예요!"

여는 돌아보았다. 그러나 거기는 황막한 만주의 벌판이 전개되어 있을 뿐이었다.

"선생님, 노래를 불러 주세요. 마지막 소원…… 노래를 해 주세요. 동해물과 백두산이 마르고 닳도록……."

여는 머리를 끄덕이고 눈을 감았다. 그리고 입을 열었다. 여의 입에서는 노래가 흘러 나왔다.

여는 고즈넉이 불렀다.

"동해물과 백두산이……."

고즈넉이 부르는 여의 노래 소리에 둘러섰던 다른 사람의 입에서도 숭엄한* 코러스는 울려 나왔다.

* 숭엄(崇嚴)하다 숭고하고 존엄하다.

"무궁화 삼천리 화려 강산……."

광막한 겨울의 만주벌 한편 구석에서는 밥버러지 익호의 죽음을 조상하는 숭엄한 노래가 차차 크게 엄숙하게 울렸다. 그 가운데 익호의 몸은 점점 식었다.

김연실전

1

연실이의 고향은 평양이었다.

연실이의 아버지는 옛날 감영*의 이속*이었다. 양반 없는 평양서는 영리들이 가장 행세하였다. 연실이의 집안도 평양서는 한때 자기로라고 뽐내던 집안이었다.

연실이는 부계로 보아서 이 집의 맏딸이었으나, 그보다도 석 달 뒤에 난 그의 오라비동생이 그 집안의 맏상제였다. 이만한 설명이면 벌써 짐작할 수 있을 것이지만, 연실이는 김 영찰의 소실(퇴기) 소생이었다.

김 영찰의 딸이 웬 셈인지 최 이방을 닮았다는 말썽도 어려서는 적지 않게 들었지만, 연실이의 생모와 김 영찰의 사이의 정이 유난히 두터웠던 까닭인지, 소문은 소문대로 제쳐 놓고 연실이는 김 영찰의 딸로 김 영찰에게 인정이 되었다.

조선에도 민적법이 시행될 때는 그 때 생모를 여읜 연실이는 김 영찰

* 감영(監營) 조선 시대에 각 도의 감사가 직무를 보던 관아.
* 이속(吏屬) 관아에 딸린 모든 구실아치.

의 정실의 맏딸로 민적에 오르고, 연실이보다 석 달 뒤에 난 맏아들은 민적상 연실이보다 일 년 뒤에 난 한 부모의 자식으로 오르게 되었다.

조선의 개명은 예수교라는 물결을 타고 서북으로 먼저 들어왔다. 이 다분의 혁명적 사상과 평민 사상을 띤 종교는, 양반의 생산지인 중부 조선이며 남조선에서 잘 받지 않는 동안, 홍경래를 산출한 서북에 먼저 들어왔다. 들어오면서는 놀라운 세력으로 퍼지기 시작하였다.

때 바야흐로 한토*에서는 애신각라씨가 이룩한 청나라의 삼백 년 기업도 흔들림을 보고, 원세개라 여원홍이라 손일선이라 하는 이름들이 조선 사람의 입으로도 수군거리는 시절에, 예수교라는 새로운 도덕학과 그 예수교에 뒤따라 조선에 들어온 '개명 사상'이 조선에서 제일 먼저 부인한 것은, 양반 상놈의 계급, 적서*의 구별, 도덕만을 숭상하는 구학문 등이었다. 이런 사상의 당연한 결과로써, 조선 온갖 곳에 신학문의 사립 학교가 설립되었다.

평양에도 청산 학교라는 소학교가 설립되었다.

학도야 학도야
저기 청산 바라보게
고목은 썩어지고
영목은 소생하네.

이 학교의 교가 삼아 지은 이 창가는, 삽시간에 권학가로 온 조선에 퍼졌다.

청산 학교 창립의 뒤를 이어, 벌써 평양에 몇 군데 생긴 예배당에 부속 소학교가 설립되었다. 곧 그 뒤를 이어서 진명 여학교라 하는 여자 교육

* **한토**(漢土) 중국 땅.
* **적서**(嫡庶) 적자(정실에게서 난 아들)와 서자(첩에게서 난 아들).

의 소학교까지 설립이 되었다.

진명 학교는 설립되면서 어느덧 평양 시민에게 '기생 학교'라는 부름을 들었다. 장래의 기생을 만들어 낸다는 뜻이 아니었다. 현재 재학생 중에 기생이 많다는 뜻도 아니었다. 아직도 옛 사상에서 벗어나지 못한 평양 시민들은, 자기네의 딸을 학교에 보내기를 꺼린 것이었다. 더욱이 그때의 학령이라는 것은 열 살 이상 열다섯 내지 열일여덟이었으매, 그런 과년한 딸을 백주에 길에 내놓으며, 더욱이 새파란 남자 선생한테 글을 배운다든가 하는 일은 가문을 더럽히는 일이며, 잘못하다가는 딸에게 학문을 가르치려다가 다른 일을 가르치게 될 것을 염려하여, 진명 여학교의 설립을 무시하여 버렸다.

그 대신 '내외*'를 그다지 엄히 지킬 필요를 느끼지 않는 기생의 딸 혹은 소실의 딸들이 이 학교에 모여들었다. 이렇게 되기 때문에 더욱이 여염집의 딸들은 이 학교를 천시하고, 드디어 그 칭호까지도 진명 학교라 부르지 않고 기생 학교라 부르게까지 된 것이다.

연실이는 진명 학교가 창립된 지 석 달 만에 이 학교에 입학하였다. 연실이가 이 학교에 입학한 것은 단지 소실의 딸이라는 자유로운 신분때문만이 아니었다.

첫째로는 신학문의 취미를 보았기 때문이었다. 물론 기역 니은은 언제 배웠는지 모르는 틈에 배웠지만, 그 밖에 무엇보다도 연실이에게 호기심을 일으키게 한 것은 산술이었다. 그 전 해에 소학교에 입학한 오라비동생의 학과 복습을 보살펴 주다가 저절로 아라비아 숫자를 알게 되고 알게 되면서 어느덧 오라비보다 앞서게 되어, 오라비는 학교에서 가감을 배우는 동안, 연실이는 승과 제도 넘어서서 분수까지 올라가게 되었다. 이것이 그로 하여금 신학문에 취미를 갖게 한 첫째 원인이었다.

* 내외(內外) 외간 남녀간에 서로 얼굴을 마주 대하지 않고 피하는 것.

둘째로 그가 학교에 가고 싶게 된 동기는 그의 가정 사정이었다.

연실이의 아버지가 과거의 영문 이속이라 하나, 다른 이속들보다 지체가 훨씬 떨어졌다. 다른 이속들은 대대로 이속 집안이든가, 혹은 서북 선비의 집안 후손으로, 여러 대째 내려오는 근본 있는 집안이었지만, 연실이의 아버지는 그렇지 못하였다. 연실이의 할아버지는 군정*이었다. 군정 노릇을 하며 상관의 비위를 맞추어서 돈냥이나 장만하였다.

그 장만한 돈으로 아들을 위하여 영리*의 자리를 사 주었다. 얼마 전만 하여도 군정의 자식이 아무리 돈이란들 영리 자리를 살 수 있으랴만, 그 때 마침 유명한 M감사가 평안 감사로 내려온 때라, M감사에게 돈만 바치면 아무것이라도 할 수 있는 시대였더니만치, 감히 바라도 보지 못할 자리를 점령한 것이었다.

목적은 치부에 있었다. 몇 해 잘 어름거려서 호방 자리만 하나 얻으면 몇십만 냥을 모으기는 여반장인 시대라, 호방을 목표로 영리의 자리를 샀었다. 그런데 불행히도 김 영찰이 호방에 오르기 전에 일청 전쟁이 일어나고, 일청 전쟁의 뒤에는 관제 변혁으로 김 영찰 평생의 꿈이 헛데로 돌아갔다.

이렇게 되매 김 영찰의 입장은 딱하게 되었다. 평양서는 그래도 지벌을 자랑하는 가문에서 김 영찰을 군정의 자식이라 하여 천시하였다. 그러나 김 영찰로 보자면, 자기의 아버지는 여하건 간에 관속이었더니만치 아버지 시대의 동료들과는 사귀기를 피하였다. 개밥의 도토리와 같이 비어져 나왔다.

만약 이런 때에 김 영찰로서 조금만 눈을 넓게 뜨고 보았더면, 자기의 장래를 상로*든가 혹은 다른 방면에서 발견하였을 것이다. 그러나 그의

---

* 군정(軍丁) 군적에 있는 지방의 장정.
* 영리(營吏) 조선조 때 군영이나 감영에 딸리었던 구실아치.
* 상로(商路) 장삿길.

선조 대대로 군정 노릇을 하였고, 그 자신은 관리로까지 출세를 하였다가 관리로서 충분히 자리도 잡아 보기 전에 다시 앞길을 잃어버린 사람이라, 관료적 심정과 및 권력에 대한 동경심이 마음에 불타올라서, 다른 방면을 돌볼 여유가 없었다. 여기서 김 영찰은 새로운 정세 아래서의 관리 자리를 얻어 보려고 동분 서주하였다.

이런 계급과 이런 사상의 사람의 예상사로 김 영찰은 첩 살림을 하였다. 더욱이 몇 해 전만 하여도 기생들은 김 영찰을 영문 이속이라 차마 괄시는 못 하였지만 지체 있는 기생들은 김 영찰을 군정의 자식이라 하여 속으로 멸시를 하였는데, 이즈음은 그런 관념이 타파된 위에 기생으로 볼지라도 예전과 달라, 행랑집 딸, 술집 계집애들이 수심가깨나 하게 되면 함부로 기생이 되어, 기생의 지위가 떨어지기 때문에 누구를 괄시하든가 할 수는 없이 되어, 김 영찰 같은 사람은 이런 사회에서,

"어이, 내가 M판서 대감이 평안 감사로 내려오셨을 적에 — 어머."

하며 호기를 뽑을 수 있는 고귀한 손님쯤으로 되어서, 화류계의 중심 인물쯤 되었다.

이런 가장에게 매달린 그의 가정은 냉락*한 가정이었다.

이 가정 안에서 연실이를 사랑할 수 있고 또 사랑할 의무를 가진 사람은 오직 그의 아버지뿐이거늘, 아버지라는 사람이 집에 들어오는 일조차 쉽지 않으니, 연실이는 사랑을 받지 못하고 자랄 수밖에 없었다.

연실이의 적모*(민적상으로는 생모)는 군정의 며느리로 온 사람이니만치 교양 없이 길러난 사람이었다. 그런 사람이 시집을 왔으면 남편에게라도 교양을 받아야 할 것인데, 남편 역시 그렇고 그런 사람이라 아내를 가르친다든가 할 만한 사람이 못 되었다.

군정의 며느리로 시집온 것이 운수 좋아서 영찰의 아내가 되었다고 교

* 냉락(冷落) 적막하고 쓸쓸함.
* 적모(嫡母) 서자가 아버지의 정실을 이르는 말.

만만 잔뜩 가지게 된 사람이었다. 이런 사람의 특색으로 자기의 과거는 생각지 않고 남을 수모하기는 여지없는 종류의 사람이었다.

사사에 연실이를 꾸짖었다. 잘못한 일은 둘째 두고 잘한 일이라도 꾸짖었다. 꾸짖는 때는 반드시,

"제 에미년을 닮아서."

"쌍것의 새끼는 할 수 없어!"

하는 말 끼우기를 잊지 않았다.

자기의 소생 자식들을 책할 때도,

"쌍것의 새끼하구 늘 놀아서 그 꼴이란 말이냐?"

하고 연실이를 끌어 대었다.

이런 어머니의 교육 아래서 자라는 연실이의 이복 동생(사내 둘과 계집애 하나)들이라, 동생들이 제 누나 혹은 언니에 대해서 취하는 태도도 자기네는 양반이요 연실이는 쌍것이라는 관념 아래서 출발한 것이었다. 이런 가정 안에서 이런 환경 아래서 자라나는 연실이는, 어린 마음에도 온갖 사물에 대한 반항심만 성장되었다.

아무 애정도 가질 수 없는 아버지는 단지 무시무시한 존재일 뿐이었다. 게다가 적모에게 흔히 듣는 바, '그 낫살에 계집이라면 정신을 못 차리는 더러운 녀석!' 일 뿐이었다.

적모며 적모 소생의 이복 동생에 대해서 애정이나 존경심을 못 갖는 것은 거듭 말할 필요도 없었다. 그뿐 아니라, 자기가 갓 났을 때에 저 세상으로 간 자기의 생모에게조차 호의를 가질 수가 없었다. 이런 환경의 소녀로서 가슴에 원한이 사무칠 때마다 생각나는 것은 자기의 생모이겠거늘, 표독하게도 비꼬인 연실이의 마음은,

'왜 그것이 화냥질을 해서 나까지 이 수모를 받게 하는가?'

하는 원망이 앞서서, 도저히 호의를 가질 수가 없었다. 부계로 보아 양반(?)의 자식이라는 자긍심을 가지고 싶은데, 그것을 방해하는 모계가 저주

하고 싶었다.

이렇게 가정적으로 정 가는 데도 없고 사랑 붙일 데도 없는 연실이는, 어떤 날 자기 이모의 집에 놀러 갔다가, 진명 학교라는 계집애 학교가 있단 소식을 듣고, 열 살 난 소녀로서 부모의 승낙도 없이 입학 수속을 해 버린 것이다. 물론 부모에게 알리면 한 번 단단한 경을 칠 줄은 번히 알았지만, 경에 단련된 연실이는 그것이 그다지 무섭지도 않았거니와, 두고두고 그 집에 박혀 있느니보다는 한 번 경을 치고라도 학교에 다닐 수만 있었으면 다행이었다.

그랬는데 요행히도,

"제 에미를 닮아서 간도 큰 계집애로군. 사내로 태어났드믄 역적 도모하겠네."

하는 독 있는 욕을 먹은 뒤에 비교적 순순히 승낙이 되었다. 아마 어머니로서도, 집 안에서 만날 보기 싫은 상년을 보느니보다는, 낮만이라도 학교로 정배*를 보내는 것이 속이 시원하였던 모양이었다.

그러나 진명 여학교도 창립한 다음 다음 해에는 도로 문을 닫아 버리지 않을 수가 없게 되었다.

그 학교의 창립자는 당시 이름 높던 청년 지사였다. 그 창립자가 바야흐로 개화의 물결에 타고 오르려는 서북 조선 각 지방을 돌아다니면서 유세하여 구하여들인 기금이 차차 학교 경영의 기초를 든든히 할 가망이 보였으나, 사위 사정의 급변화는 이 청년 지사로 하여금 자기의 사업에 정진치 못하게 하여, 그는 자기가 나고 자라고 한 땅을 등지고 멀리 해외로 망명을 하였다.

그가 외국으로 달아날 때에 고국에 남기고 간 '간다 간다 나는 간다. 너를 두고 나는 간다.'의 노래가 온 조선 방방곡곡에 퍼지게 된 때쯤은,

* 정배(定配) 예전에 죄인에게 내리던 형벌의 하나. 지방이나 섬으로 보내 일정한 기간 동안 정해진 지역 내에서만 감시를 받으며 생활하게 됨.

진명 여학교는 창립자의 후계자인 어떤 여사가 애써 유지해 보려고 노력하였음에도 불구하고, 드디어 문을 닫지 않을 수가 없게 되었다.

이리하여 쓸쓸한 가정에서 한때 자유로운 학원에 몸을 피하였던 연실이는, 다시 가정에 들어박히지 않을 수가 없게 되었다.

그 때 연실이는 열두 살이었다.

2

단 이 년의 진명 학교 생활은 결코 기다란 세월이랄 수는 없다. 그러나 이 이 년이라는 날짜가 연실이에게 일으킨 변화는 적지 않았다.

학교에서 배운 바의 지식이라는 것은 보잘것이 없었다. 〈회도몽학〉을 제2권까지 떼어서 쉬운 한문 글자를 배우고, 산술은 일찍이 집에서 자습한 분수에까지 다시 이르고, 지금껏 뜻은 모르고,

"당기위구 삼천 리에 도엽지로세."

하며 부르던 노래가 사실은,

"단기위고 삼천 년의 도읍지로세."

하는 것으로 단군, 기자, 위만, 고구려의 삼천 년간의 도읍지라는 '평양가'의 일절이라는 것을 알고,

"지금까지는 우리 조선에서는 여자라는 것은 노예로 알았거니와 결코 그렇지 않습니다. 개명한 세상에서는 여자도 사회에 나서서 일해야 됩니다. 그러기 위해서는 교육을 받아야 합니다."

하고 사자후*하던 진명 학교 창립 선생의 말로써, 노예(뜻은 모른다.)이던 여자가 교육받게 된 것이라는 것을 알고 — 등등, 학교에서 직접 얻은 지식보다도 그의 학교 생활 때문에 생겨난 성격의 변화와 인식의 변화가

* 사자후(獅子吼) 부르짖는 듯한 열변.

더욱 컸다. 규칙 없이 순서 없이 너무도 급급히 수입한 자유 사상 아래서 교육받으며, 진명 학교 학우들 틈에서 자라는 이 년간에, 연실이의 마음에 가장 커다랗게 돋아난 싹은 반항심이었다. 학우들이 대개가 기생의 자식이라, 가정적 훈련과 교육을 받지 못하고 자유로이 자라난 이 처녀들은, 부모를 고마워할 줄을 모르고 부모를 공경할 줄을 몰랐다. 이 처녀들의 어머니가 자기네의 집안에서 하는 행동이며 말이며 버릇은 결코 자식에게 존경을 받을 만한 바가 못 되었다. 이런 가정 아래서 부모를 공경할 의무를 모르고 자란 이 처녀들은, 따라서 부모(부모라기보다 아비는 없는 어미만이 대개였다.)를 무서워할 줄을 몰랐다.

어려서부터 부모 사랑은 몰랐지만 부모 무서운 줄은 알면서 자란 연실에게는 그것은 처음은 의외였다. 그러나 이 년간을 그 처녀들과 함께 지내며 가정이 재미없으니만치 하학한 뒤에도 동무들의 집에 놀러 가서 온

낮을 보내고 하는 동안, 어느 틈에 언제 배웠는지 모르지만, 연실이도 부모에 대한 공포심을 잃고 그 대신 경멸심을 배웠다.

관념과 인식상의 이런 변화가 드디어 행동으로 나타나는 날이 이르렀다.

한 이 년간 학교에 다닐 동안 연실이는 어머니와 얼굴을 대할 기회가 몇 번이 되지 못하였다. 그전만 같으면 얼굴 보이기만 하면 무슨 트집으로든 반드시 꾸중을 하고 하였는데, 한 이 년간을 학교에 다니면서 밤 이외에는 거의 집에 있을 기회가 없었던 연실이는, 따라서 어머니에게 꾸중들을 기회도 없었다. 이 년 동안을 꾸중 안 듣고 지나서 열두 살이라는 나이가 되니, (아직 줄곧 대두고 꾸중을 하면서 지내 왔으면 그렇지도 않았겠지만) 어머니도 이제는 꾸중만 하기가 좀 안되었던지, 전보다 꾸중의 도수가 적어졌다. 단지 서로 차디찬 눈으로 대하고 하는 뿐이었다.

그런데 어떤 날(그것은 연실이가 학교를 그만둔 지 만 일 년쯤 뒤였다.), 연실이는 학교 때 동무이던 어떤 계집애의 집에 놀러 갔다가 그 곳서 불쾌한 일을 보았다. 불쾌한 일이라야 계집애들 특유의 일종의 시기일 따름이었다. 그 때 마침 그 동무 계집애는 자기의 동무와 무슨 이야기를 하다가 연실이가 오는 것을 보고 입을 비죽거리며 이야기를 멈추어 버렸다.

이 기수*를 챈 연실이는 불쾌한 낯색으로 앉아 있다가 드디어 제 동무에게 따져 보았다. 따지다가 종내 충돌되었다. 이 엠나이(계집애) 저 엠나이 하면서 맞잡고 싸우기까지 하였다. 그리고 잔뜩 독이 올라서 제 집으로 돌아왔다.

그 날이 마침 연실이의 집의 청결날이었다. 머리에 수건을 동이고 청결을 보살피고 있던 어머니가 연실이 돌아오는 것을 보고 핀잔 주었다.

"넌 옛날 같으문 시집가게 된 년이 밤낮 어델 떠돌아다니니? 이런 날은 좀 집에 붙어서 일이나 하디. 대테 어데 갔댔니?"

여느 때 같으면, 이런 꾸중이 있을지라도 연실이는 못 들은 체하고 방으로 들어가 버릴 것이다. 그러나 이 날은 독이 오를 대로 올라서 집에 들어선 참이라, 어머니에게 대꾸를 하였다.

"그러기에 일즉 왔디요."

독 있는 눈초리와 독 있는 말투였다. 어머니가 벌컥 성을 내었다.

"요놈의 엠나이, 말대답질?"

"물어 보는 거 대답 안 할까?"

흥 한 번 코웃음치고 연실이는 방으로 들어가려 하였다. 그러나 그 순간 연실이의 꼬리는 어머니에게 붙잡혔다. 동시에 주먹이 한 번 그의 머리 위에 내렸다.

* 기수 '낌새'의 사투리.

눈에서 푸른 불길이 이는 것 같은 느낌을 느끼면서 연실이는 홱 돌아서서 어머니를 쳐다보았다. 눈물 한 방울 안 고였다. 단지 서리가 돋칠 듯 매서운 눈이었다.

"요년, 그래 터다보문 어떡할 테가?"

"죽이소 죽에요! 여러 번에 맞아 죽느니 오늘루 죽이라우요."

"못 죽이랴."

또 내리는 주먹 아래서 연실이는 어머니의 치마를 잡고 늘어졌다. 주먹, 발길, 수없이 그의 몸에 내리는 것을 감각하였지만, 악에 받친 그는 죽에라 죽에라 소리만 연하여 하며 치맛자락에서 떨어지지 않기만 위주하였다.

한참을 두들겨 맞았다. 매섭게 독이 오른 이 계집애는 사실 생사를 가릴 수 없도록 광란 상태에 빠진 것을 알고, 어머니가 먼저 무서움증이 생긴 모양이었다.

"놓아라."

치맛자락을 놓으라는 뜻이었다. 뿌리치기도 하였다. 그러나 연실이는 더 매섭게 매달렸다.

"죽에라. 죽기 전엔 못 놓겠구나."

"놓아라."

"내가 도죽질을 했나 화냥질을 했나? 무슨 죄루 매맞아 죽노!"

에누다리*를 하면서, 치마에 늘어져서 몸부림치기를 한참을 한 뒤에야, 연실이는 치맛자락을 놓아 주었다.

"독하구 매서운 년두 있다."

딸의 악에 얼혼이 난 어머니는 치마를 놓으면서 저 쪽으로 피해 버렸다.

---

* 에누다리 '넋두리'의 사투리.

연실이도 일어났다. 대성 통곡을 하면서 자기의 집을 나왔다.

그러나 길 모퉁이를 돌아서서 통곡 소리가 집에 안 들리게쯤 되어서는 울음을 뚝 그쳐 버렸다. 그런 뒤에는 저고릿고름을 들어서 눈물을 닦고, 얼굴에 얼룩진 것을 짐작으로 지우고, 지금껏 울던 태를 깨끗이 씻어 버리고 총총걸음으로 그 곳서 발을 떼었다. 향하는 곳은 연실이의 아버지가 첩 살림을 하고 있는 집이었다.

연실이는 그 집까지 이르러서 대문 밖에서도 찾지 않고 방문 밖에서도 찾지 않고, 큰방으로 덥석 들어갔다. 아버지의 목소리가 들리므로, 집에 있는 줄은 문 밖에서부터 알았다.

말없이 윗목에 도사리고 앉은 딸을 김 영찰은 첩의 무릎을 베고 누웠다가 머리만 좀 들며 바라보았다.

"너 뭘 하려 왔니?"

여전히 뚝 하고 뭉퉁한 소리였다.

"아이구, 너 어떻게 오니?"

그래도 첩은 다정한 티를 보이며 절반만치 몸을 일으켜 김 영찰에게는 퇴침*을 밀어 주었다.

드디어 폭발되었다. 연실이는 왕 하니 울기 시작하였다. 아까는 악에 받친 울음이었거니와 이번은 진정한 설움이었다.

"울기는 왜. 왜 울어?"

"쫓겨났어요."

울음 가운데서 연실이는 거짓말을 하였다.

"쫓겨나긴? 민한* 소리 말구 어서 집에 가기나 해라."

그러나 연실이는 울음을 멈추지도 않고 더 서러운 소리를 높였다.

쫓겨난 것이 아니라, 단지 어린 가슴이 너무 아파서 육친인 아버지라

---

* 퇴침(退枕) 서랍이 있는 목침.
* 민하다 조금 미련스럽다.

도 보고 싶어서 온 것이었다. 다정한 말까지도 바라지 않는다. 그러나 아버지의 눈자위에 나타난 귀찮은 표정은, 이런 방면에 몹시도 예민한 연실이에게는 더할 나위 없이 서러웠다. 하다못해 불쌍하다는 표정만이라도 왜 지어줄 줄을 모르는가?

"애, 너 점심 먹었니? 국수 시켜다 줄게 먹을래? 울지 마라. 미워서 내쫓으시겠니? 자, 국수 시켜다 줄게 먹어라."

그러나 연실이는 완강히 머리를 가로저었다.

그 날 밤 연실이는 아버지의 작은댁에서 묵었다. 아버지는 가라고 몇 번을 고함질쳤지만, 연실이도 일어나지 않았거니와, 작은댁도 일껏 아버지를 찾아왔으니 하룻밤 자고 내일 아침 어머님의 노염이 삭은 뒤에 돌아가라고 말렸다.

그 날 밤 연실이는 몹시 불쾌한 일을 보았다. 인생의 가장 추악한 한 면을 본 것이었다.

"곤할 텐데 일찍 자거라!"

저녁 뒤에 아버지는 이렇게 호령하여 윗목에 자리를 깔고 자게 하였다. 건넌방에는 첩 장인의 내외가 있는 것이다.

연실이는 자리에 들어갔으나 오늘 낮에 겪은 가지가지의 일이 머리에 왕래하여 좀체 잠이 들 수 없었다.

아버지는 딸을 재운 뒤에 소실에게 술상을 불렀다. 그리고 한참을 술을 대작하였다.

그 뒤부터 추악한 장면은 전개되었다. 이부자리를 펴고도 그 속엔 들지도 않고, 불도 끄지 않고, 이 벌거숭이의 중년 사나이와 젊은 애첩은 온갖 추태를 다 연출하였다.

"김동아, 아가, 무얼 주련?"

"나 보○."

"너의 본댁으로 가려무나?"

"늙은 건 싫어."

어느 때는 제법 점잔을 빼는 중늙은이가 어린 첩에게 어리광을 부리며 엎치락 뒤치락하는 그 꼬락서니는 정시치 못할 일이었다.

기생의 딸 가운데 동무를 많이 갖고 있고, 그 사이 삼 년간을 거의 동무들의 집에서 세월을 보낸 연실이는 성에 대해서도 약간의 이해를 갖고 있는 계집애였다. 자기의 아버지와 그의 젊은 첩이 지금 노는 노릇이 무엇인지도 짐작이 넉넉히 갔다.

연실이는 이불 속에서 스스로 얼굴이 주홍빛으로 물들어 오르는 것을 알 수가 있었다. '낫살이나 든 것이 계집을 보면.' 운운하던 적모의 말은, 자기의 체험에서 나온 것인지 추측에서 나온 것인지는 알 수 없지만, 아버지가 여인에게 대해서 하는 행동은, 제삼자도 얼굴 붉히지 않고는 볼 수가 없는 것이었다.

아버지는 벌써 딸이 잠든 줄 알고 하는 노릇인지는 알 수 없지만, 잠들고 안 들고 간에 자기의 딸을 윗목에 누이고, 이런 행동이 취하여질까? 이 천박한 꼴을 무가내하* 잠들은 체하고 보고 있어야 할 연실이는 어린 마음에도 이 세상이 저주스러웠다. 동무네 집에서 간간 볼 수 있는 바, 동무의 형 혹은 어머니 되는 기생들이 주정꾼이며 혹은 오입쟁이*들을 상대로 하여 노는 꼴도, 아버지와 작은집이 노는 꼴에 비기건대 훨씬 점잖은 편이었다. 설사 무인고도에서 자기네끼리만 놀아난다 해도, 자기네 스스로가 부끄러워서 어찌 이다지야 흉하게 굴까? 얼굴에 모닥불을 놓는 것같이 달고 뜨거웠다. 숨을 죽이고 귀를 막았다.

이튿날 새벽 겨우 동틀녘쯤, 아버지가 소실을 품고 곤히 잠든 때에, 연실이는 몰래 그 집을 빠져나왔다. 눈물이 좍좍 그의 눈에서 흘렀다.

* 무가내하(無可奈何) 막무가내로.
* 오입(誤入)쟁이 오입질을 하는 남자를 홀하게 이르는 말. 오입이란 제 아내가 아닌 다른 여자와 정을 통하는 것을 말함.

3

그로부터 연실이의 심경은 현저히 변하였다.

연실이는 본집으로 돌아왔다. 어머니에게서 무슨 벼락이 또 내리지 않을까 근심도 되었지만, 어머니는 연실이의 악에 진저리가 났던지, 들어오는 것을 본체만체하였다.

"천하 맞세지 못할 년."

그 뒤에도 연실이가 잘못하는 일이 있을 때마다 욕을 하려다가는 스스로 움쳐지고 하는 것을 보면, 치맛자락 놀음에 적지 않게 진저리가 난 모양이었다. 이전에는 끼니 때에는 어머니와 동생들과 함께 큰방에서 먹었지만, 그 일 뒤부터는 막간(행랑) 사람을 시켜서 상을 연실이의 방으로 들여보내곤 하였다.

큰방에서 어머니가 친자식들을 데리고 재미나게 지내는 모양을 보면 당연히 연실이는 부럽기도 할 것이고 어머니 생각도 날 것이로되, 연실이는 어떻게 된 성격의 소녀인지, 그런 감상이 일어나는 일이 없었다. 단지 자기와 동갑 되는 커다란 아들을 어린애나같이 등을 두드리고 머리를 쓸어 주는 어머니를 볼 때마다, 두드리는 어른이나 두들기우는 아이나 다 철부지라 보고 멸시하였다.

천하 만사에 정 가는 곳이 없고 정 붙일 사람이 없는 이 소녀는, 혼자서 자기에게 향하여 악을 부리고 자기의 마음을 스스로 학대하며 그날그날을 보냈다. 현실에 대하여 너무도 많은 문제를 가지고 있는 이 소녀는, 이맛 낫살의 소녀가 가질 만한 공상이라는 것도 모르고 지냈다.

장차 어찌 될까 하는 근심이든가, 장차 어떻게 하여야겠다는 목적 등은 전혀 없는 세월을 보내고 있었다.

이 연실이가 자기의 생애의 국면을 타개하여 보려고 마음먹게 된 것은 진실로 단순한 기회에서였다.

그의 진명 학교 때의 동창생 한 사람이 동경으로 유학을 갔다. 때는 바야흐로 일한 합병의 직후로서, 동경으로 유학의 길을 떠나는 청소년이 급격히 는 시절인데, 연실이와는 진명 학교 때의 동창이던 최명애라는 처녀(연실이보다는 삼 년 위였다.)가 동경으로 공부하러 떠났다.

이 우연한 뉴스 한 개에 연실이의 마음도 적지 않게 동하였다.

'동경 유학'

이 아름다운 칭호에 욕심난 것도 아니었다. 여자로 태어났으면 시집갈 때까지 부득이 친정에 있어야 한다는 막연한 생각으로 집에 그냥 박혀 있던 연실이었다. 결코 집이 그립다든가 다른 데 가는 것이 무서워서 가만 있은 것은 아니다. 있어야 하는 것으로 알고 있던 것이었다. 그런데 자기의 동창 한 사람이 여자의 몸으로 유학을 떠난다 하는 뉴스에 연실이의 마음도 적잖게 흔들렸다.

'나도 동경 유학을 가리라.'

돈? 앞서는 것은 돈이로되 연실이에게는 돈은 전혀 문제가 아니었다. 자기 생모의 유물로서 금비녀와 금가락지가 합하여 석 냥쯤 남아 있다. 이백 원은 될 게다. 게다가 여차하는 날에는 적모의 금붙이도 허수로이 두었으니 도리가 있을 것이다. 그러나 그보다도 더 간단하고 편한 길이 또 있었다. 그의 적모는 지아비 몰래 돈을 놀리는 것이 있다. 이것이 들고 나고 하여 어떤 때는 사오십 원에서 수백 원, 때때로는 일이천 원의 돈까지 집에 있을 때가 있다. 드나드는 거간의 눈치만 잘 보면 그 기회도 놓치지 않을 것이고, 그것을 손댈 수만 있다면 그 돈은 지아비 몰래 놀리는 돈이니만치, 속으로 배는 앓아도 내놓고 문제삼지는 못할 것이다. 서서히 기다리며 이런 좋은 기회를 붙들자면 수년간의 학비를 한꺼번에 마련할 기회도 생기게 될 것이다.

문제는 어학이었다. 당시에 있어서 일본말이라 하면, '하따라 마따라' 니 '하소대시까라' 니쯤밖에는 알지 못하는 연실이었다. 이렁저렁 '가나' 오십 음은 저절로 배워서 김연실을 'キムヨンシル' 라고쯤은 쓸 줄 알았으나, 일본 음으로는 자기 이름조차 알지 못하는 정도였다.

이런 생매기*로 '하따라 마따라' 하는 사람들만이 사는 동경 바닥에 들어서서 더구나 '하따라 마따라' 로 공부를 하여야겠으니, 적어도 여기서 쉬운 말쯤은 배워 가지고 가야 할 것이었다.

물론 부모에게 알릴 일이 아니었다. 절대 비밀히 하지 않으면 안 될 것이었다.

그러기 위해서는 연실이의 현재 입장은 비교적 자유로웠다. 아버지가 그런 사람이요, 어머니는 치맛자락 사건 이래로는 일체로 연실이와 맞서기를 피해 오는지라, 연실이가 나가건 들어오건 간섭하는 사람이 없었다. 그럴 만한 선생과 그럴 듯한 장소만 구하면 일부러 집안에 알리기 전

* 생매기 어떤 일이 익숙하지 못한 사람.

에는 자연히 비밀하게 일이 될 것이었다.

화류계에 동무를 많이 가지고 있는 연실이는 선생을 구하는 데도 비교적 힘들이지 않고 성공하였다.

이리하여 그가 열다섯 살 나는 봄부터 어학 공부를 시작하였다. 선생이라는 사람은 연실이의 동무의 동무(기생)의 오라버니로서, 토지 세부 측량이 한창인 시절에 측량 기사로 돌아먹던 사람이었다.

배우는 장소는 그 선생의 누이의 집 한 방이었다. 선생의 나이는 스물다섯.

4

아직 피지 못하여 얼굴은 깜티티하고 어깨와 엉덩이가 아직 발달되지 못하여 각진 데가 좀 과히 보이기는 하나, 열다섯 살의 연실이는 처녀로서의 자질이 잡혀 갔다.

그러나 아직 '여인'으로서는 아주 무지한 편이었다. 그의 생장한 환경이 환경인지라, 남녀가 관계한다 하는 것은 어떤 일을 하는 것이며 어떤 것이라는 것을 (모양으로는) 알았지만, 의의는 전혀 모르는 '계집애'였다. 사내와 계집은 그런 노릇을 하는 것이거니 이만치 알았지, 어떤 특정한 사내와 특정한 여인이라야 그런 노릇을 하는 것이라는 점이며, 그런 노릇에 대한 의의는 전혀 몰랐다. 말하자면 보통 다른 소녀들이 그 방면에 관해서 가지는 지식의 행로와 꼭 반대로, 도달점의 형식을 미리 알고, 그 도달점까지 이르려면, 부끄럼, 사랑, 긴장, 환희 등등의 노순을 밟아야 한다는 것을 모르는 소녀였다.

그런지라, 그맛 낫살의 다른 소녀 같으면 단 혼자서 젊은 남선생과 대한다는 점에 주저도 할 것이고 흥미도 느낄 것이고 호기심도 가질 것이지만, 연실이는 아무런 별다른 생각도 없이, 단지 한 개 제자가 선생을 대하는 마음으로 공부하러 다녔다.

'아이우에오 가기구게고 다디두데도.'

썩 후에 동무들에게,

"나는 다, 디, 두, 데, 도, 라고 배웠소. 하나, 둘을 히도두, 후다두 라고 배웠어요. 하하하하!"

하고 웃고 하던 어학 공부는 이리하여 시작이 되었다.

'ガギグゲゴ

ダヂヅデド.'

는,

'응아, 응이, 응우, 응에, 응오.'

'따, 띠, 뚜, 떼, 또.'

였다.

"두마라나이 모노떼수 응아 또우조."

"응악꼬오니 이기마수."

응아구고우(ガクコウ)라고 쓰고 응악꼬오라고 읽는 법이어.

이런 선생 아래서 연실이는 조반을 먹고는 선생의 집을 찾아가곤 하였다. 늦으면 저녁때까지도 그 집에서 놀다 배우다 또 놀다 또 배우다 하고 하였다.

5

삼월부터 어학 공부를 시작한 연실이는, 오월쯤엔 제법 히라가나로 적은 〈심상 소학 독본〉 3권쯤은 읽을 수 있도록 진척되었다. 비교적 기억력이 좋은 연실이요, 그 위에 어서 배워야겠다는 독이 있느니만치 어학력이 놀랍게 진척되었다. 3권쯤부터는 선생이 벌써 알지 못하여 쩔쩔매는 데가 많이 있었지만, 어떤 때는 선생보다 연실이가 뜻을 먼저 알아 내고 하였다.

그 어떤 날이었다.

본시의 빛깔도 깜티티하거니와 아직 피지 않았기 때문에 깜티티한 위에 윤택까지 있고 봄을 타기 때문에 더욱 반질하게 검게 된 얼굴을 선생의 가슴 앞에 들이밀고 앞뒤로 저으면서 독본을 읽고 있던 연실이는, 문득 선생의 숨소리가 괴상해 가는 것을 들었다.

연실이는 눈을 들어 선생의 얼굴을 쳐다보았다. 아까도 선생이 술 먹은 줄은 몰랐는데, 지금 그의 눈은 시뻘겋게 충혈되어 있었다.

이 점을 연실이가 이상하게 생각하는 순간에 선생의 얼굴에는 싱거운 미소가 나타나며 팔을 펴서 연실이의 어깨를 끌었다.

연실이는 선생이 요구하는 것이 무엇인지를 순간에 직각하였다. 끄는 대로 끌렸다. 그 날 당한 일이 연실이에게는 정신상으로는 아무런 충동도 주지 못하였다. 그것은 연실이가 막연히 아는 바 사내와 여인이 하는 노릇으로, 선생은 사내요 자기는 여인이니 당하게 되면 당하는 것이 당연한 일쯤으로 여겼다.

그 때 연실이가 좀 발버둥이를 치며 반항을 한 것은, 오로지 육체적으로 고통을 느끼기 때문이었다. 이런 고통을 받으면서 그 노릇을 하는 것이 여인의 의무라 하는 점이 괴로웠다.

곧 다시 일어나서 아까 하던 공부를 계속하고 있는 양을 사내는 누워서 번번이 바라보고 있었다.

좀 있다가 동무의 동무(이 집 주인 기생)의 방에 건너가서 체경을 보고 그는 비로소 약간 불쾌를 느꼈다. 아침에 물칠하여 곱게 땋아 늘였던 머리의 뒷덜미가 헝클어진 것이었다.

이 사건에 아무런 흥미나 혹은 부끄러움을 느끼지 않은 연실이는, 이튿날도 여전히 공부하러 사내를 찾아갔다. 그 날 또 사내가 끌어당길 때에 문득 어제 머리 헝클어졌던 것이 생각이 나서,

"가만, 베개 내려다 베구요."
하고 베개를 내려왔다.

그 뒤부터 사내는 생각이 나면 베개를 내려오라고 하고 하였다. 정 귀찮은 때가 아니면 연실이는 대개 베개를 내려왔다. 공부에 피곤하여 좀 쉬고 싶은 때는 스스로 베개를 내려오는 때도 있었다.

그러나 이것은 단지 사내와 여인이 때때로 하는 일이거니쯤으로밖에 여기지 않는 연실이는, 염증도 나지 않는 대신 감흥도 얻을 수가 없었다. 처음에 느낀 바 육체적 고통이 덜하게 되었으므로, 직전에 느끼는 공포의 긴장이 덜하게 된 뿐이었다.

연실이에게 말하라면, 사람이 대소변을 보는 것은 저마다 하는 일이지만 남에게 보이기는 부끄러워하는 것과 마찬가지로, 이 일은 좀더 대소변보다 비밀히 해야 하는 일이지만 저마다 하는 일쯤으로 여겼다. 남에게 보이고 더욱이 언젠가 제 아버지와 소실이 하던 꼴대로 추잡히 노는 것은 더러운 일이지만, 비밀히 하는 것은 대소변쯤으로밖에는 보이지 않았다.

연실이는 연하여 그 선생에게 다녔다. 이제는 더 가르칠 만한 것이 그 선생에게는 없었지만 습관적으로 그냥 다닌 것이었다. 선생은 베개를 내려놓으라는 맛에 그냥 받았다.

그냥 어학을 배우는 한편으로 집에서는 돈 거간의 출입에 늘 주의를 가하고 있던 연실이는 그 해 가을 어떤 날 적지 않은 돈이 어머니의 손으로 들어온 것을 기수채었다.

옷이며 짐은 언제라도 떠날 수 있도록 준비해 두었던 연실이는 그 날 밤, 큰방에 들어가서 어름어름하다가 어머니가 변소에 간 틈에 농문 안에 허수로이 둔 돈뭉치를 꺼내어 방망이질하는 가슴을 부둥켜안고 자기 방으로 건너와서, 저녁때 몰래 준비했던 작다란 가방을 보자기에 싸 가지고 발소리를 감추며 집을 빠져 나왔다.

한 시간쯤 뒤에는 부산으로 가는 직행 열차에 연실이의 작다란 몸이 실려 있었다.

아무 애수도 느끼지 않았다. 가정에 대하여 아무 애착도 없던 그는 집을 떠나는 것도 서럽지도 않았으며, 어려서부터 남을 의뢰하는 습관이 없이 자란 그는 낯설고 말 서투른 새 땅에 가는 데도 일호의 두려움도 느끼지 않았다.

선천적으로 그런 성격이었는지 혹은 그의 환경이 그를 그렇게 만들었는지는 모르지만, 인간 만사에 감동과 흥분을 느낄 줄을 모르는 연실이는 아무 별다른 감상도 없이 평양 정거장을 떠난 것이었다.

'혹은 이것이 영결일지도 모르겠다.'

가정에 대하여 애착이 없고 장차 사오 년은 넉넉히 지낼 여비를 몸에 지닌 그는, 이번 떠나면 장차 영구히 이 땅에는 다시 올 기회가 없을 듯싶어서 도리어 내심 시원하였을 뿐이었다.

6

"아이구, 퍽 곤하겠구나!"

미리 편지도 하였고 하관서 전보도 쳐서 알렸던 최명애가 신바시 정거장까지 나와서 연실이를 맞아 주었다.

연실이는 단지 싱그레 웃었다. 사실 아무런 감상도 없었다. 올 데까지 왔다 하는 생각만이었다. 공상 혹은 상상이라는 세계를 가져 보지 못하고 지금까지 자란 연실이는 현실에 직면해서야 비로소 현실을 인식하는 사람이지 미리 어떨까 하고 생각해 보지도 않는 사람이었다. 동경도 단지 가정에 있기가 싫어서 온 것이지, 무슨 큰 희망이 있어서 온 바가 아니라, 따라서 동경이 어떤 곳인가 하는 호기심도 없이 덜컥 온 것이었다.

최명애의 인도로 우선 명애가 하숙하고 있는 집에 들었다. 그리고 동경 도착한 지 수일간은 최명애의 앞잡이로 동경 구경도 하고 일변 화복*도 지으며 장래 방침 토론도 하며— 이렇게 보냈다. 그 결과로서 연실이는 금년 겨울은 어학을 더 준비해 가지고 명년 새 학기에 어느 여학교에 입학을 하기로 대략 결정하였다. 어학을 연습하기에는 마침 명애가 들어 있는 하숙이 예전 사족집 과수 노파 단 혼자의 집이라, 주인 노파를 상대로 연습하기로 하였다.

이 해 겨울 연실이는 신체상에 여인으로서의 중대 변화기를 맞았다. 금년 봄부터 철모르고 사내를 보기는 하였지만, 아직 소녀를 면치 못하였던 연실이는 이 겨울에야 비로소 여인으로서만이 보는 한 달에 한 번씩의 변화를 보았다.

이 육체상의 변화 발달은 육체상으로뿐 아니라 정신상으로도 연실이에게 적지 않은 변화를 주었다. 막연한 공포감, 그리움, 애처로움, 꿈 등등, 그가 아직 소녀 시기에 느껴 보지 못한 이상야릇한 감정 때문에, 복습하던 책도 내어던지고 눈이 멍하니 한 시간 두 시간씩을 보내는 일도 간간 있게 되었다.

아직껏 그의 마음에 일어 보지 못한 부모며 동생에게 대한 그리움도 생전 처음으로 그의 마음에 일었다. 선배요 동무인 명애에게 집에서 연락 부절로 이르는 가족 사진이며 편지 등등이 부러워서, 명애가 학교에 간 틈에 그의 편지를 몰래 꺼내 보고 나도 이렇게 편지를 한 번 받아 보았으면 하고 탄식도 하여 보았다.

오랫동안 불순한 가정에서 길러나기 때문에 한편으로 쫓겨 나가 있던 그의 처녀로서의 감정은 처녀 전환기의 연실이에게 비로소 이르렀다.

이듬해 봄, 그가 명애가 다니는 여학교에 입학을 한 때는 그의 비뚤어진 성격도 적지 않게 교정이 된 때였다.

---

* 화복(和服) 일본식 옷.

입학하면서 그는 기숙사에 들어가기로 하였다.

7

학교에 입학을 하고 기숙사에 든 다음에야 연실이는 '조선 여자 유학생 친목회'에 처음 출석해 보았다. 이전에도 명애가 몇 번을 끌어 보았지만, 그런 일에 전혀 흥미가 없는 연실이는 한 번도 출석해 보지 않았다. 이번에도 명애가 학교에서,

"오늘 친목회가 있는데 여전히 안 갈래?"

하고 의향을 물을 때에,

"인젠 학교에도 들고 했으니 가 볼 테야."

하면서 미소하였다.

"그럼 지금까지는 학생이 못 되노라고 안 갔었나?"

"유학생 친목회에 비학생이 무슨 염치에 가오?"

"준비 학생은 학생이 아닌가?"

"하하하하!"

이리하여 그 날 저녁 사감의 허락을 받고 연실이는 처음으로 동경에 와 있는 조선 유학생들과 합석할 기회를 얻었다.

연실이까지 합계 일곱 명이었다. 이 단 일곱 명 가운데, 회장 부회장이 있고 서기가 있고 회계가 있었다. 아무 벼슬도 하지 못한 사람은 명애와 연실이와 황해도 여학생이라는 스무 살 가량 난 사람뿐이었다.

이 단 일곱 명의 친목회에서 먼저 서기의 경과 보고가 있고 회계의 회계 보고가 있은 뒤에, 회장의 연설이 있었다.

— 우리는 선각자외다. 조선 이천만 백성 중에 절반을 차지하는 일천만의 여자가 모두 잠자코 현재의 노예 생활에 만족해 있을 때에, 눈을

먼저 뜬 우리들은 그들을 깨쳐 주고 그들을 노예 생활에서 건져 주기 위해서, 고향과 친척 친지를 등지고 여기까지 와서 고생하는 것이외다. 여성을 자기네의 노예로 하고 있는 현대 포악한 남성의 손에서 일천만 여성을 구해 낼 사람은 우리밖에 없습니다. 우리는 남성에게 굴복해서는 안 됩니다. 배웁시다. 그리고 힘을 기릅시다.

대략 이런 뜻의 말을 책상을 두드리며 부르짖었다.

정신적으로 전혀 불감증인 시대를 벗어나서 감정, 감동 등을 막연히나마 느끼기 시작하던 연실이는, 이 말에 적지 않게 감동하였다.

자기가 동경으로 뛰쳐오고 지금 학교에까지 들어간 것은 본시는 무슨 중대한 목적이 있는 바가 아니라, 집에 있기가 싫어서 뛰쳐나온 뿐이었다. 그러나 지금 이 회장의 연설을 듣고 보니, 자기의 등에도 무슨 커다란 짐이 지워지는 것 같았다. 조선의 여자가 어떻게 구속되고 어떤 압박을 받고 있는지는 모르지만, 이전에 진명 학교 창립 선생도 그런 말을 하였고, 지금 또 여기서도 그런 말을 하는 것을 보니 그것이 사실인 모양이었다. 그것이 사실일진대 그것을 구해 낼 사람은 남자가 아니요 여자여야 할 것이고, 여자 중에서도 먼저 선진국에 와서 새 문화를 배운 사람이어야 할 것이다. 자기는 이미 여기 와서 배우는 단 일곱 사람의 선각자의 한 사람이니, 일천만 분의 칠이라 하는, 다시 말하면 일백오십만 명에 한 명이라 하는 귀한 존재이다. 소녀다운 감정으로 회장의 연설을 들으며 속으로는 이런 생각을 할 때, 연실이는 큰 바위에라도 깔린 듯이 가슴이 무거워 오는 느낌을 금할 수가 없었다.

"언니, 아까 그 회장 이름이 뭐유?"

회가 끝나고 어두운 길에 나서면서 연실이는 이렇게 명애에게 물었다.

"송안나. 왜?"

"이름두 야릇두 해라. 어느 학교에 다니우?"

"사범 학교에."

"어딧사람이구?"

"아마 강서인가, 함종인가, 그 근처 사람이지."

"몇 살이나 났수?"

"왜 이리 끈끈히 묻나? 동성 연애 할려나베."

연애라는 말은 이젠 짐작은 가지만, 연애 위에 무슨 말이 더 붙었으므로 뜻을 똑똑히 못 알아들은 연실이는 눈치로 보아 조롱받은 것 같아서,

"언니두."

한 뒤에 말을 끊어 버렸다.

그러나 그 날 저녁 들은 '선각자' 라 하는 말 한 마디는 이 처녀의 마음에 꽤 단단히 들어박혔다.

— 선각자가 되리라. 우리 조선 여성을 노예의 처지에서 건져 내리라. 구습에 젖어서 아직 눈뜨지 못하는 조선 여성을 새로운 세계로 끌어 내리라. 이런 새로운 감정으로 그는 '감동 때문에 잠 못 드는 밤' 을 생전 처음으로 경험하였다.

8

어떤 날 연실이가 학교에서 기숙사로 돌아와서 책들을 정리하고 있을 때에, 그 방 방장으로 있는 사 학년생 도카와라는 처녀가 연실이의 곁으로 와서 앉았다.

"긴상!"

"네?"

"조선말 퍽 어렵지요?"

"글쎄요, 우린 모르겠어요."

"영어는?"

"재미있지만 어려워요."

"외국어란 어려운 것이야. 참 긴상."

도카와는 좀 어려운 듯이 미소하며 연실이를 보았다.

"아까 하나이 선생 — 긴상 담임 선생님 말씀이야요. 하나이 선생님이 그러시는데, 긴상 일본어가 아직 숙련되지 못했다구, 나더러 틈틈이 좀 함께 이야기라도 하라시더군요."

연실이는 얼굴이 새빨갛게 되었다. 스스로도 모르는 바가 아니었다.

"잘 부탁합니다."

연실이는 승복지 않을 수가 없었다.

"천만에, 아니에요. 내가 무슨…… 긴상, 책을 많이 보세요. 책을 보면 저절로 어학력이 늘어요. 내 책을 빌려 드릴게 책으로 어학을 연습하세요."

"책이오? 무슨 책?"

도카와는 미리 준비하였던 모양인 책을 연실이에게 한 권 주었다. 등에 〈젊은 베르테르의 슬픔 – 괴테*〉라 씌어 있었다.

"재미있어요. 재미있는 바람에 읽노라면 어학력도 늘고, 일석 이조라는 게 이런 거겠지요."

도카와는 깔깔 웃었다.

연실이는 즉시로 읽어 보기 시작하였다. 한 페이지, 두 페이지—교과서 이외에 평생 처음으로 독서를 하여 보는 연실이는, 처음 얼마는 몹시도 난삽하여 책을 접어 버리고 싶었다. 그러나 일껏 자기에게 책을 빌려 준 방장의 면도 있고 하여, 세 페이지, 네 페이지, 억지로 내리읽고 있었다.

* 괴테(Goethe, Johann Wolfgang von) 독일의 문호. 〈젊은 베르테르의 슬픔〉, 〈파우스트〉 등의 작품이 있음.(1749~1832)

괴테

저녁 끼니 시간이 되었다. 방장에게 독촉받아 식당에 내려간 연실이는, 자기의 손에 아직 〈젊은 베르테르의 슬픔〉이 들려 있고, 식당에 앉아서도 그냥 눈을 책에 붙이고 있는 자기를 발견하고 오히려 기이한 느낌을 받았다. 어느덧 그는 책에 열중이 되었던 것이다.

물론 모를 대목도 많이 있었다. 그러나 모를 곳은 모를 대로 그냥 내리 읽노라면 의미는 통하는 것이었다.

밤에 불을 끄는 시간까지 연실이는 그 책만 보고 있었다. 이튿날 새벽에 유난히도 일찍이 깬 연실이는, 푸르둥한 새벽빛에 눈을 비비면서 소설책을 다시 폈다.

아침에 깬 방장이 이 모양을 보고 미소하였다.

"어때요? 재미있어요?"

방장이 이렇게 물을 때에, 연실이는 눈을 책에서 떼지 않고,

"지독히."

하며 미소하였다.

"모를 곳은 없어요?"

"있지만 뜻은 통하겠어요."

"다 읽어요. 다 읽으면 이번은 더 재미나는 책을 빌려 드릴게. 어학 연습에는 무엇보다도 다독이 좋아요."

학교에도 책을 끼고 가서 틈틈이 숨어서 읽고 저녁에 읽고 이튿날, 이리하여 독서의 속력이 그다지 빠르지 못한 그로도 이튿날 저녁때에는 끝까지 다 읽었다.

다 읽은 책을 베개 아래 넣고 자리에 든 연실이는, 가슴을 무직이 누르는 알지 못할 감정 때문에 좀체 잠을 이루지 못하였다. 그것은 무슨 감정인지 연실이는 알지 못하였다. 이런 감정과 감동을 평생에 처음 겪는 연실이는 이불 속에서 홀로이 헤적였다.

이틀 동안의 수면 부족 때문에 무거운 머리로 이튿날 아침 자리에서

일어나서 다 본 책을 방장에게 돌려 주고, 연실이는 그런 재미있는 책을 또 한 권 빌려 달라고 간청하였다.

"자, 이걸 보세요, 이번은."

하면서 방장이 연실이에게 준 책은 꽤 두툼한 책이었다. 〈에일린 - 워츠 단톤〉이라 하였다.

그 날이 마침 토요일이라, 오전만 공부하고 오후부터는 연실이는 책에 달려들었다. 그리하여 토요일에서 일요일로, 월, 화, 수, 목, 금, 만 일 주일간을 잠시도 정신을 이 책에서 떼지 못하고 지냈다. 화요일, 그 소설의 주인공인 에일린이 사랑하는 처녀 위니 프렛의 종적을 잃어버리고 스노돈의 산과 골짜기를 헤매다가 위니의 냄새만 걸핏 감각한 대목에서 학교 시간이 되어 그만 책을 접었던 연실이는, 위니의 생각에 안절부절 공부도 어떻게 하였는지 모르고 지냈다.

"긴상, 어때요?"

책을 다 보고 방장 도카와에게 돌려 주매, 도카와는 또 미소하며 물었다. 그러나 연실이는 한참을 먹먹히 있다가야 대답을 하였다.

"도카와상, 꿈같아요."

"좋지요?"

"좋은지 어떤지, 얼떨해요."

"이 소설을 지은 워츠 단톤이라는 사람은 이 소설 단 한 편으로 영국 문단에 이름을 올렸다우. 나도 이 소설을 읽은 뒤 한 달 반이나 꿈같이 얼떨하니 지냈어요."

"그게 웬일일까?"

"그게 예술의 힘이에요. 예술의 힘이 사람의 혼을 울려 놓은 때문이에요."

"예술?"

듣던 바 처음이었다.

"네, 예술. 예술 가운데는 음악, 미술, 문학 등이 있는데, 문학에는 또 시며 희곡이며 소설이 있어요. 다른 학문들은 모두 실제, 실용상 쓸데 있는 것이지만, 예술이라는 것은 사람의 혼과 직접 교섭이 있는 존귀한 학문이어요."

문학 소녀라는 칭호를 듣는 도카와는 여러 가지의 말로 예술, 문학의 자랑을 연실이에게 들려 주었다. 그러나 연실이로서는 그의 말을 알아듣지 못하였다. 다만 몹시도 귀하고 중한 학문이 예술이라는 뜻만 막연히 깨달았다. 그리고 단지 책을 읽기 때문에 자기가 이만치 감동되고 취한 것을 보면, 예사 보통의 학문이 아니라 생각되었다.

"긴상, 조선에 문학이 있어요?"

도카와는 마지막에 이런 말을 물었다.

대체 예술이라는 말, 문학이라는 말이 금시 초문인 위에 연실이의 조선에 대한 지식이라는 것은, 조선말을 할 줄 알고 조선옷을 입을 줄 아는 것쯤밖에 없는 형편이라. 한 순간 주저하였다. 그러나 일찍이 조선은 오랜 역사를 가지고 오랜 문화 생활을 하였다는 이야기를 들은 연실이는,

"있기는 있지만……."

쯤으로 막연히 응하여 두었다.

"긴상, 조선의 장래 여류 문학가가 되세요. 나는 일본 여류 문학가가 될게. 이 우리 학교는 하세가와 시구레라는 여류 문학가를 낳아서 문학과 인연 깊은 학교예요. 여기서 또 나하고 긴상하고 다 일본과 조선의 여류 문학가가 됩시다."

문학 소녀 도카와는 스스로 감격하여 눈에 광채를 내며 이런 말을 하였다. 연실이는 여류 문학가가 무엇인지 문학이 무엇인지는 전혀 모르는 숫보기였다. 단 두 권의 소설을 읽어 보았을 뿐이었다. 그러나 이즈음 자기는 조선 여자계의 선각자라는 자부심을 품기 시작한 연실이는, 장차 여류 문학가 노릇을 해서 우매한 조선 여성계를 깨쳐 주어 볼까 하는 희

망을 마음 한편 구석에 일으켰다.

단지 선각자라 하여도 무슨 일을 하여 어떻게 조선 여성계를 각성시킬는지 전혀 캄캄하던 연실이는, 여기서 비로소 자기의 진로를 발견한 것이 아닌가 하는 생각이 들었다. 그리고 장차 배우고 닦고 하여서 도카와만큼 문학이라는 것을 알고, 그것으로써 선각자 노릇을 하리라 막연히나마 이렇게 마음먹었다.

도카와는 다시 연실이에게 스콧*의 〈아이반호〉를 빌려 주었다.

그러나 아닌게아니라, 〈에일린〉에서 받은 감격은 그것을 다 읽은 뒤에도 한동안 그의 머리에 뿌리깊게 남아 있어서 때때로 정신 없이 그 생각을 하다가는 스스로 얼굴을 붉히고 정신을 차리고 하였다.

〈아이반호〉는 이삼 일간은 당초에 진척이 되지를 않았다. 몇 줄 읽느라면 그의 생각은 어느덧 다시 〈에일린〉으로 뒷걸음치고 뒷걸음치고 하는 것이었다. 아무 목표도 없이 동경으로 건너와서 아무 정견도 없이 학교에 들었다가 아무 줏대도 없이 선각자가 되리라는 자부심을 품었던 연실이는, 이리하여 도카와의 덕으로 문학 소녀로 변해 갔다.

여름 방학에도 연실이는 제 집에 돌아가지 않았다. 돌아갈 그리운 집이 없기 때문이었다. 기숙사에는 북해도에서 온 학생 하나, 대만서 온 학생 하나, 연실이 이렇게 단 세 사람이 남았다. 도카와는 여름 방학 동안에 보라고 꽤 여러 권의 책을 남겨 두고 갔다. 그러나 이제는 독서 속력도 꽤 는 연실이는, 도카와가 남겨 둔 책을 보름 동안에 다 보고, 그 뒤에는 도서관을 찾기 시작하였다.

그 해 가을과 겨울도 지나고 이듬해 봄이 된 때는 연실이는 동경 처음으로 올 때(겨우 일 년 반 전이다.)와는 전혀 다른 처녀가 되었다.

우선 자부심이 생겼다. 조선 여성계의 선각자라는 자부심이었다. 선

* 스콧(Scott, Walter) 영국의 시인. 소설가. 〈아이반호〉, 〈탈리스만〉 등의 작품이 있음(1771~1832).

각자가 될 목표도 섰다. 여류 문학가가 되어 우매한 조선 여성을 깨쳐 주리라 하였다. 문학의 정의도 이젠 짐작이 갔노라 하였다. 문학이란 연애와 불가분의 것이었다. 연애를 재미나고 자릿자릿하게 적은 것이 소설이고, 연애를 찬송하고 짧게 쓴 글이 시라 하였다.

일방으로 연애라는 도정을 밟지 않고 결혼하여 일생을 보내는 조선 여성을 해방(?)하여 연애할 줄 아는 사람으로 만드는 것이 선각자에게 짊어지운 커다란 사명의 하나이라 보았다. 그러기 위해서는 문학을 널리 또 빨리 퍼쳐야 할 것이라 보았다.

문학상에 표현된 바, 전기가 통하는 것같이 찌르르 하였다는 '연애'와, 재미나는 소설을 읽은 뒤에 한동안 느끼는 감동도 동일한 감정이라 보았다. 즉 연애는 문학이요, 문학은 연애요, 그것은 다시 말하면 인생 전체였다.

'인생의 연애는 예술이요, 남녀간의 예술은 연애니라.'

스스로 창작한 이 금언을 수신 책 첫 페이지에 조선글로 커다랗게 써두었다. 이런 심경 아래서 문학의 길을 닦기에 여념이 없는 동안 연실이는 문학과 함께 연애를 사모하는 마음이 나날이 높아 갔다.

소녀 시기의 환경이 환경이었더니만치 연실이는 연애와 성교를 같은 물건으로 여겼다. 소녀 시기에는 연애라는 것은 모르고 성교라는 것이 남녀간에 있는 물건이라고 믿고 있었는데, 지금 연애라는 감정의 존재를 이해하면서부터는, 그의 사상은 일단의 진보를 보여서 '남녀간의 교섭은 연애요, 연애의 현실적 표현은 성교니라.' 하는 신념이 들게 되었다.

그런지라, 그가 철모르는 시절에 무의미하게 잃어버린 처녀성에 대해서도 아깝다든가 분하다든가 하는 생각보다도, 그 때 연애라는 감정을 자기가 이해하였더라면 훨씬 재미나고 좋았을 걸 하는 후회뿐이었다.

회상하여 그 때의 그 사내를 생각해 보면, 그것은 가장 표준형의 기생오라범으로, 게으름과 무지와 비열을 합쳐 놓으면 이런 덩어리가 생길까 하는 생각이 들 만한 보잘것 없는 사람으로, 연실이에게는 손톱만치도 마음 가는 데가 없는 사람이었다. 그러나 문학 즉 연애요, 연애와 성교는 불가분의 것으로 믿는 연실이는, 그 때 연애 감정이 없이 그 사내를 가까이한 것이 적지 않게 분하였다. 한 번 함께 산보(이것이 초보적 행동이었다.)도 못하고, 함께 달을 쳐다보며 속살거리지도 못하고, 이렇듯 어리석고 어리던 자기가 저주스러웠다.

그 봄(열일곱 살이었다.)에 연실이는 〈동경 유학생〉이란 잡지에 시를 한 편 지어서 보냈다.

> 문을 닫아도
> 들어오는 월광
> 가슴을 닫아도
> 스며드는 사랑
> 사랑은 월광이런가
> 월광은 사랑이런가
> 아아, 이팔 처녀의
> 가슴이 떨리도다.

지우고 고치고 다시 쓰고 하여 겨우 이렇게 만들어서, 한 벌은 고이고이 적어서 가방에 간수하고, 한 벌은 잡지사에 보냈다.

봄 방학 때쯤 발행된 그 잡지에는 연실이의 시가 육호 활자로나마 게재가 되었다.

지금 그는 여명기의 조선 여성에게 있어서 한 개 광휘 있는 별이라는 자부심을 넉넉히 갖게 되었다. 그 잡지 십여 권을 사서 자기의 본집과 그밖 몇몇 동무에게 우편으로 보냈다.

문학의 실체인 연애를 좀더 알기 위하여 엘렌 케이며 구리가와 박사의 저서도 숙독하였다.

새 학기에는 기숙사에서도 나왔다. 기숙사에서도 학생들끼리 동성의 사랑도 꽤 농후한 자도 있었지만, 연애라는 것은 이성에게라야 가질 것이라는 생각을 갖고 있는 연실이는 그것을 옳게 볼 수가 없고, 또는 자기가 몸소 나아가서 연애를 실연하기 위해서는 기숙사는 불편하기 때문이었다. 여자 유학생 친목회에도 자주 나갔다. 작년 입학한 직후 첫 회합에는 단순한 처녀로, 한 얌전한 규수로 참석하였지만, 차차 어느덧 자유 연애와 자유 결혼(이것이 여성 해방이라 보았다.)을 가장 맹렬히 주창하는 열렬한 회원으로 변하였다.

이론 방면으로 이만치 진보된 만치 실제로도 또한 연애를 하여 보려고 기회 포착에 노력하였다. 그러나 아직도 동경 유학생 간에는 남녀가 함께 회집할 수 있는 곳은 예수교 예배당밖에 없고, 남학생과 여학생 간에 교제가 그다지 성행치 못하던 때라, 기회 포착이 쉽게 되지 않았다.

여류 문학가가 되어서 선구자가 되기 위해서는 절대로 연애의 필요를 느끼는 연실이는, 이 좀체 포착되지 않는 기회 때문에 초조하게 지냈다. 그러다가 어떤 우연한 기회에 평안도 출생의 농과 대학생과 알게 될 기회를 얻었다.

금년에 들어서 무척 는 조선 여학생 가운데 한 사람을 찾아갔던 연실이는, 거기서 그 여학생의 몇 촌 오라버니가 된다는 농학생을 처음으로 본 것이었다. 나이는 스무 살이라 하나, 여자들 틈에서는 몹시도 수줍어하여 이야기 한 마디 변변히 하지를 못하였다.

그 날 밤 제 하숙에 돌아와서 연실이는 여러 가지로 생각하였다. 자기가 지금까지 읽은 소설 가운데서 연애하는 남녀가 처음 만난 장면을 모두 끄집어 내어 가지고, 아까 그(이창수라 하였다.)가 취한 태도는 어느 것에 해당할까 하고 생각하였다. 그리고 결론으로서는 퍽 내심한 청년이 몹시 연애를 느끼기 때문에 그렇게도 수줍어하는 것이라 단정하였다.

자기도 그 청년을 보는 순간 퍽 기뻤다고 생각하고, 기쁜 가운데도 속이 떨렸다고 생각하고, 자기가 다른 곳을 볼 때 그 청년이 자기를 바라보면 자기는 몹시 가슴을 뛰놀렸다고 생각하고 자기는 가슴이 이상하여 그를 바로 볼 기회도 없었다고 생각하고, 그와 함께 있는 동안은 감전된 것 같은 찌르르한 느낌을 받았다고 생각하였다.

요컨대 연실이는 어제 처음 만난 순간부터 이창수에게 연애를 느꼈고, 이창수 역시 자기에게 연애를 느낀 것이라 굳게 믿었다.

이튿날 하학한 뒤에 연실이는 이창수를 찾아보기로 하였다. 찾아가려고 제 하숙을 나설 때에 발이 썩 나서지는 못하였지만, 이것이야말로 연애하는 처녀의 당연하고 공통되는 감정으로 서양 문호들도 모두 이 심리를 묘사한 것을 많이 본 연실이는, 이런 수줍은 감정을 극복하고 용감히 나아가는 것이 현대 신여성에게 짊어지운 커다란 사명이며 더욱이 선각자로서는 마땅히 겪고 극복하여야 할 일로 알았다.

창수는 마침 하숙에 있었다. 연실이는 창수와 함께 산보를 나섰다. 여섯 조의 좁다란 하숙방에서 속살거린다는 것은 옛날 연애지 현대 여성의 연애가 아니었다. 시부야 교외로 나서서 무사시노 숲 위로 떨어지는 낙조를 보면서 그것을 칭송하며 한숨지으며 하여야 할 것이었다.

시부야의 신개지도 지나서 교외로 이 첫사랑하는 남녀는 고요히 고요히 발을 옮겼다. 한 걸음 앞서서 가던 연실이가 머리를 수그린 채 뒤따르는 창수 청년을 보면 창수는 역시 머리를 수그리고, 무슨 의무라도 이행하는 듯이 먹먹히 따라오는 것이었다.

남녀는 어떤 언덕마루에 가서 앉았다.

"좀 쉬어요."

하면서 연실이가 두 사람쯤 앉기 좋은 자리에 한편으로 치우쳐 앉으매, 창수 청년은 연실이에게서 세 걸음쯤 떨어져 있는 조그만 돌멩이 위에 걸터앉았다.

연실이는 고요히 눈을 들었다. 바라보매 시뻘겋게 불붙는 낙조는 바야흐로 무성한 잡초 위로 떨어지려 하고 있다.

"선생님!"

연실이는 매우 부드러운 소리로 창수를 찾았다.

"네?"

"참 아름답지 않아요? 저 낙조 말씀이어요. 저 낙조가 형용하자면 무엇 같을까요?"

"글쎄올시다."

농학생 이창수에게 있어서는 그 낙조는 함지박에 담긴 붉은 호박 같았을는지도 모른다. 그러나 그런 형용도 좀 멋쩍어서 글쎄올시다 한 뿐, 눈이 멀진멀진히 낙조를 바라보고만 있었다.

"방금 떨어질 듯 도로 솟을 듯 영화가 하늘에서 춤을 추는 것 같지 않아요?"

"글쎄올시다."

그 날 저녁 연실이는 창수의 방에서 묵었다. 그 하숙에서 저녁을 함께 먹고 역시 연실이는 적극적으로 창수는 소극적으로 이야기를 주고받고 하다가, 교외 전차가 끊어졌음을 핑계로 연실이는 거기서 밤을 지내기로 한 것이었다. 여기서 묵겠다는 말은 차마 입 밖에 내기가 힘들었지만, 선각자는 경우에 의지하여서는 온갖 체면이며 예의 등 인습의 산물은 희생하여야 한다는 신념 아래서,

"아이, 전차가 끊어져서 어쩌나? 선생님 안 쓰는 이부자리 없으세요?"
하고 말을 던져서, 요행 여름철이라 안 쓰는 두터운 이부자리를 얻어서 육조 방에 두 자리를 편 것이었다.

자리에 들어서도, 인생 문제며 문학의 존귀성을 이야기하면서 연실이는 차츰차츰 뒤채고 뒤채는 동안, 창수의 이불 아래로 절반만치 들어갔다. '그것' 까지 실행이 되어야 연애의 성립을 인정할 수 있는 연실이었다.

이튿날 아침 창수가 연실이에게, 자기는 고향에 어려서 결혼한 아내가 있노라고 몹시 미안한 듯이 고백할 때에, 연실이는 즉시로 그 사상을 깨뜨려 주었다.

"그게 무슨 관계가 있어요? 두 사람의 사랑만 굳으면 그만이지, 사랑 없는 본댁이 있으면 어때요?"

명랑히 이렇게 대답할 때는, 연실이는 자기를 완전히 한 명작 소설의 주인공으로 여겼다.

그 하숙에는 창수 외에도 조선 학생이 두 명이 있었다. 연실이가 돌아간 뒤에 한 하숙의 다른 학생들에게 놀리운 창수는 변명으로 아마,

"뒤집어씌우는 걸 할 수 있나?"

이렇게 대답한 모양이었다. 갑자기 유학생에게 연실이의 이름이 높아지고, 그 위에 뒤집어씌운다 하여 거기서 일전하여 감투 장수라는 별명이 며칠 가지 않아서 오백 명 유학생 간에 쭉 퍼졌다. 그러나 이런 소문은 있건 말건 연실이는 환희와 만족의 절정에 올라섰다.

첫째 선각자였다. 둘째 여류 문학가였다. 셋째 자유 연애의 선봉장이었다.

문학가가 되고 선각자가 되기에 아직 일말의 부족감을 느끼고 있던 것이, 자유 연애까지 획득하여 놓으니 이제는 티 없는 구슬이었다. 어디를 내어놓을지라도, 선진국 서양에 갖다 놓을지라도 축박힐 데가 없는 완전무결한 신여성이요 선각자로다! 연실이는 의심치 않고 믿었다.

아직도 그래도 좀더 희망을 말하자면, 창수가 좀더 적극적이요 정열적이요 '뒤집어씌우는 편' 이 아니고 끌어당기는 편이면 하는 것이었다.

이 연애에 승리한 지 얼마 되지 않아서, 연실이는 지금껏 다니던 학교에 퇴학 원서를 제출하였다. 그리고 다른 사립 음악 학교에 입학을 하였다. 음악이 예술인 까닭이었다. 그리고 그 학교가 동경에서 유명한 연애 학교(남녀 공학)인 까닭이었다.

9

음악 학교로 학적을 옮긴 뒤에 연실이는 두 가지로 마음이 매우 기뻤다.

첫째로는 그 학교의 남녀 학생 간에 연애가 매우 많은 점이었다. 연애를 모르는 조선에 태어났기 때문에 연실이는 연애의 형식과 실체(감정이 아니다.)를 몰랐다. 그가 읽은 여러 가지 소설의 달콤한 장면을 보고 연애는 이런 것이거니쯤으로 짐작밖에는 가지 못하였다. 이창수와 몇 번 연애(?)를 하여 보았지만, 창수는 도리어 수동적인 편이라, 연실이 자기가 부리는 연애밖에는 구경을 못하였다. 선각자로서 당연히 연애를 알고 또는 실행하여야 할 의무감을 가진 연실이는 자기가 현재 이창수와 연애를 하면서도 일찍이 책에서 읽은 바와 상위되는 점을 늘 미흡히 생각하고, 혹은 실제와 소설에는 차이가 있는가 의심하던 차에, 이 학교에서는 눈앞에 소설에서 보는 바와 같은 연애를 수두룩이 보았는지라 이것이 기뻤다.

둘째로는 전문 학생이라는 자기의 지위가 기뻤다. 선각자로 자임하고 어서 선각자로서 조선의 깨지 못한 여성들을 깨치려는 희망은 품었지만, 고등 여학교의 생도인 때는 전도가 감감한 느낌이 없지 않았다. 그런데 이 학교에 입학을 하고 보니, 이제 삼 년만 지나면 자기는 전문 학교의 출신으로, 어디에 내놓을지라도 빼젓한 숙녀였다.

보랏빛 치마와 화려한 긴 소매와 뒷덜미에 나비 모양으로 맨 리본과 뾰족한 구두의 이 전문 학생은 악보를 싼 커다란 책보를 앞으로 받치고 동경 바닥을 활보하였다.

단지 이 처녀에게 있어서 아직도 불만이 있다 하면, 그것은 애인 이 창수의 태도가 너무도 소극적인 점이었다. 로미오인 이창수가 줄리엣인 연실 자기의 창 아래 와서 연가는 못 부를지언정, 적어도 이 근처에 배회하기는 하여야 할 것이었다. 찾아오기가 바쁘면 하다못해 편지라도 해야 할 것이었다. 적어도 소설에 있는 연애하는 청년은 그러하였다. 그럼에

法大

도 불구하고 찾아오기는커녕 이편에서 찾아갈지라도 맞받아나오면서 쓸어 안고 키스를 하고 해 주지조차 못하고 싱그레 웃고 마는 것은 연실이의 마음에 적지 않게 불만하였다.

10

그 해 크리스마스 방학이었다.

연실이는 오래간만에 최명애를 찾아가 보았다. 처음 동경 올 때는 감한 선배로 동정을 그에게 배우려 한 적도 있었지만, 이제는 자기는 열여덟(눈앞에 열아홉을 바라본다.)이요 그는 스물하나로, 옛날 진명 학교 시대와 마찬가지인 한낱 동무였다. 그 위에 '그도 연애를 하는가?' 하는 의심점이 있기 때문에 잘못하면 자기보다도 약간 세상 철이 부족할지도 모르겠다는 자긍심까지도 품고 있는 연실이었다.

"언니!"

여전히 부르기는 이렇게 불렀으나, 이제는 선배 후배가 아니요, 단지 나이가 약간 더 먹은 동무일 따름이었다.거의 연애라는 것을 '문명한 인종이 반드시 밟아야 할 과정' 쯤으로 믿고 있는 연실이는, 그 날 서로 시시덕거리며 잡담을 하다가 이런 말을 하였다.

"언니, 참 옛날 여인들은 어떻게 살았겠수?"

"왜?"

"연애 한 번두 못 해 보구……."

명애는 여기서 한 번 크게 웃었다.

"하하하하! 저리드냐? 재리드냐?"

"아찔아찔합디다."

"그것만?"

"오금이 녹아 옵디다."

"예끼 망할 기집애! 한데 너 뒤집어씌웠다구 소문이 자자하더구나?"

뒤집어씌워? 남녀 학생 간에 소문은 높았던 바지만, 연실이의 귀에까지는 아직 오지 않았던 바라 뜻을 알 수가 없었다.

"그게 무슨 말이우?"

"듣기 싫다!"

"참말……, 그게 무슨 말이우?"

명애는 의아히 잠깐 연실이의 얼굴을 보았다. 그런 뒤에 설명하였다.

"아 네가 능동적이란 말이지. 네가 사내를 ○단 말이지."

"언니두!"

연애의 과정으로 당연히 밟은 과정이라는 신념은 가지고 있었지만, 이렇듯 지적을 받으매 연실이는 아뜩하였다.

"그런데 얘?"

"……."

"내 언제 너 조용히 만나면 이야기할려구 그랬다마는, 청춘 남녀가 연애야 안 하겠니마는, 연애를 한대두 신성한 연애를 해라."

순간적 부끄럼 때문에 머리를 수그렸던 연실이의 귀에도 이 말은 들어갔다. 소설에서 많이 읽은 바였다. 그러나 어떤 것이 신성한 연애인지는 실체를 아직 연실이는 알지 못하였다. 소설에 그런 대목이 나올 때마다, 다시 읽고 다시 읽고 하여 실체를 잡아 보려 노력하였지만, 어떤 것이 신성한 연애인지 알 수가 없었다.

"청춘 남녀 누구가 연애 안 하겠니마는 신성한 연애를 해야 한다."

"언니, 어떤 것이 신성한 연애유?"

연실이는 드디어 물었다.

"얘두! 그럼 너 여지껏 뭘 했니? 남녀가 육교를 하지 않고 사랑만 하는 게 신성한 연애지. 말하자면 서로 마음과 마음이 통해서 사랑하구 사랑받구 하는 게 신성한 연애가 아니냐."

이것은 연실이에게는 새로운 지식인 동시에 이해하기 어려운 일이었다. 만약 명애의 말로서 옳다 할진대, 이창수와 자기와의 것은 무엇으로 해석을 할 것인가? 마음과 마음이 서로 통한다 하면, 자기와 이창수는 전혀 마음은 서로 통치 못하였다.

소설이며 엘렌 케이와 구리가와 박사의 말에는 그런 뜻이 있었던 듯싶다. 그러나 사람의 사회에 실제로까지 그런 꿈의 나라가 있으리라고는 연실이에게는 믿어지지 않았다.

그 날 명애는 이런 말도 하였다.

"내 애인은 말이다, 지금 W 대학 문과에 다니는 사람이야. 본시 송안나, 너도 알지? 그 여자 친목회 회장 말이다. 그 송안나허구 이러구 저러구 하던 사람이란다. 그걸 내가 알았지. 첨에는 송안나 그 담에는 최××, 또 그 담에는 박××, 그걸 내가 알았구나. 말하자면 최후의 승리자지."

그리고 그 열변과 엄숙한 표정으로 친목회에서 지도자 노릇을 하던 송안나도 연애 찬미자의 한 사람이라는 것이 기이해서 연실이가 물어 볼 때에 그는 이렇게 대답하였다.

"얘, 너두 철이 있느냐, 없느냐? 이 동경 여자 유학생치구 애인 없는 사람이 어디 있다디? 옛날 구식 여자는 모르겠다마는, 신여성치구 애인 없이 어떻게 행세를 한단 말이냐?"

누구는 누구가 애인이고 누구는 누구가 애인이고 한참을 꼽아 내렸다.

연실이는 그러려니 하였다. 이 동경까지 와 있는 선각 여성이 자유 연애도 하지 않고 어쩔 것이냐?

사실에 있어서 연실이는 최근엔 단지 이창수뿐만 아니라, 음악 학교에 다니는 여러 남학생들과 단 하룻밤씩의 연애를 하고 있었다. 한 사내와만 연애를 한다 하는 것조차, 그에게 있어서는 유치한 감이 없지 않은 것이었다.

11

크리스마스 방학도 끝나고 개학이 된 지 며칠 뒤의 일이었다.

그 날은 연애할 대상도 구하지 못해서 하학한 뒤에 곧 집으로 돌아오매, 그의 책상에는 우편물이 하나 놓여 있었다. 잡지였다. 뜯어 보니 동경 유학생의 기관 잡지인 〈×××〉였다.

먼첨 호에 문틈으로 스며드는 달빛을 노래한 시를 이 잡지에 보내어 채택이 된 연실이는, 그 다음에도 또 한 편 보냈던 것이었다. 그것이 났는지 어떤지를 알아보기 위해서, 연실이는 옷도 갈아 입지 않고 즉시 봉을 뜯었다. 무식한 그 잡지의 편집인은 이번엔 연실이의 시를 몰서*하여 버렸다. 그래서 목록의 아래의 이름만 읽어 보아 자기의 이름이 없으므로 불쾌감이 일어나서 책을 접으려 할 때 제목란에 계집 녀(女)자가 걸핏 보이는 듯하므로 다시 주의하여 거기를 보매 거기에는,

'여자 유학생에게 경고하노라.'

하는 제목이 있었다.

무슨 이야긴가 호기심이 났다. 책으로서는 자기의 명작 시가 발표되지 않았으므로 불쾌하기 짝이 없는 잡지였지만, 그 제목의 페이지를 뒤적여서 펴 보았다.

첫 줄에서 연실이의 얼굴은 검붉게 되었다.

'×× 음악 학교에 다니는 모 양은…….'

운운으로 시작한 그 글은, 연실이와 이창수와의 사이의 소위 '뒤집어 씌운' 이야기를 폭로시키고, 이런 음탕한 여자가 동경에 와 있기 때문에, 다른 학생들에게도 물들 뿐 아니라, 더욱이 고향에 계신 학부형들은 딸을 동경으로 유학 보내기를 무서워한다는 뜻을 쓰고, 이어서 이런 더러운 학

* 몰서(沒書) 신문이나 잡지에 기고한 글이 실리지 못하고 마는 것.

생은 마땅히 매장하여 버리는 것이 유학생의 의무라고 많은 '!' 며 '!?' 를 늘어놓아 가지고 두 페이지나 늘어놓았다.

읽는 동안 연실이의 얼굴은 검게 되었다 붉게 되었다, 찌푸려졌다 찡그려졌다, 별의별 표정이 다 나타났다. 읽으면서 동댕일 치고 싶었다. 그러나 끝까지 다 읽고야 말았다. 다 읽고 나서는 드디어 동댕이쳤다.

무엇이라 형용할 수 없는 감정이었다. 억분하다 할까. 노엽다 할까, 부끄럽다 할까. 얼굴이며 손발의 근육이 와들와들 떨렸다. 머리로서는 아무것도 생각지를 못하였다.

한 시간, 아마 두 시간도 넘어 지났겠지. 집 주인 마누라가,

"긴상 저녁 안 잡수세요?"

하고 들어올 때야 연실이는 비로소 자기의 이성을 회복하였다.

이성이라 하나 지극히도 흥분된 이성이었다.

"그만둬요."

저녁이 입에 달지는 않을 것이므로 거절함에 있어서 이런 거절까지 않아도 좋을 것이거늘, 연실이는 이런 악의 품은 거절을 한 것이었다.

어떤 노염일까? 욕먹은 데 대한 분함이 물론 가장 강하였다. ×× 음악 학교에 다니는 조선 여학생은 자기밖에 없다. 그런지라 누구든 이 글을 읽기만 하면 거기 쓰인 모 양이라는 것은 자기를 지적한 것임을 알 것이다. 처녀 십팔(새해에 열아홉)은 손톱눈만한 일에라도 부끄러워하는 시절이라 하나, 연실이는 요행 부끄럼에 대한 감수성은 적게 타고난 사람이었다. 그 대신 분하였다. 글자가 표현할 수 있는 가장 악의에 찬 욕을 퍼부은 것이었다. 이것이 분하였다. 어때? 그래. 이만 뱃심이 없지 않았다. 그 글의 필자가 아직 구사상에 젖은 유치한 녀석이라는 경멸감도 물론 났다. 자유 연애를 이해하지 못하고 이렇듯 어리석은 소리를 흥얼거리는 숫보기라는 우월감(자기에게 대한)도 섞이어 있었다. 그런지라 욕먹은 내용 — 사실에 대해서는 연실이는 천상천하 부끄러운 데가 없었다.

이 정정당당하고 가장 새롭고 가장 선각적인 행동을 욕하는 자의 어리석음이 미웠고, 그런 것에게 욕먹은 것이 분하였다. 두 시간 세 시간 동안을 분한 감정 때문에 몸만 떨고 있던 연실이는, 밤이 차차 들어감에 따라서 얼마만치 머리도 식어 가며, 식어 가느니만치 대책도 생각났다.

어떻게든 거기 대하여 항의를 하여야 할 것이다. 글로? 말로?

항의문을 그 잡지사에 써 보내서 자기를 욕한 필자의 무식을 응징하나, 혹은 그 사람을 찾아가서 도도한 웅변으로 그의 구식 두뇌를 깨쳐주나? 자리에 들어서도 그 생각을 하고 또 하고 한 끝에, 연애라 하는 일에 퍽 이해를 가진 최명애를 찾아서 그와 의논하여 어떻게든 결정하리라 하였다.

이튿날 이른 새벽에 연실이는 자리에서 일어났다. 조반도 먹지 않고 하숙집에서 나왔다. 최명애를 찾기 위해서였다. 최명애의 하숙(영업적 하숙이 아니라 사숙이었다.)에 들어서서 주인 마누라에게 '안녕하십니까.'를 부른 다음에, 연실이는 서슴지 않고 명애의 방으로 갔다. 당황히 따라오는 주인 마누라의 눈치도 못 보고…….

장지문*을 쭉 밀어 열었다.

……?

연실이는 도로 장지문을 닫아 버렸다. 명애 혼자인 줄 알았던 방에 명애는 웬 남학생과 함께 자고 있다가, 이 침입자 때문에 번쩍 눈을 뜨는 것이었다.

"누구?"

방 안에서는 명애가 침입자의 정체를 캐면서 일변으로는,

"긴상, 인전 일어나요, 누구 왔어요."

하며 연애의 대상자를 흔드는 모양이었다.

* **장지문** 지게문에 장지짝을 덧붙인 문. 지게문은 마루에서 방으로 드나드는 곳에 안팎을 두꺼운 종이로 바른 외짝문을 이른다.

연실이는 멍하였다. 자기의 취할 거처를 몰랐다. 돌아가자니 싱거웠다. 들어가자니 어려웠다. 이미 이런 일은 처음 당하는 일이 아닌 연실이라 부끄럼이라든가 거기 유사한 감정은 느끼지 않았지만, 일전에도 '신성한 연애'를 운운하던 명애의 자리에서 사내를 발견하였는지라 잠시 뚱하였다.

"누구야?"

"나!"

드디어 대답하였다.

"연실이로구나! 긴상, 어서 일어나요. 연실이 조금만 있다가 들어와."

그런 뒤에는 안에서는 일어나서 옷을 가다듬는 듯한 버석거리는 소리가 들렸다. 그러기를 사오 분이나 하고 나서,

"됐어. 들어와."

하고 청을 하였다.

연실이는 들어갔다. 내어 주는 자리에 앉았다.

"새벽에 웬일이야? 응 소개해야겠군. 이이는 대학에 다니시는 김×× 씨, 이 애는 늘 말씀드린 연실이……."

연실이는 가볍게 머리를 숙였다. 김모라는 학생은 연방 교복 단추를 맞추면서 허리를 굽실하였다.

"헌데 새벽에 웬일이야? 이상(이창수)네 하숙에서 오는 길이냐?"

"아냐."

연실이는 부인하였다. 부인하며 얼핏 김모라는 학생을 보았다. 처음은 송안나의 애인, 그 다음은 누구의 애인, 또 그 다음은 누구의 애인, 이리하여 지금은 최명애의 애인이 된 그 학생은, 그의 염복적* 눈을 들어 연실이를 보고 있는 것이었다.

* 염복적(艶福的) 아름다운 여자가 잘 따르는 복을 지닌.

그 날 김모는 학교에 가야겠다고 조반 전에 돌아갔다. 사립 여자 전문 학교에 다니는 두 처녀는, 오늘은 학교를 집어치우기로 하고 김모가 돌아간 뒤(세수도 안 하고) 자리에 도로 들어가 누웠다. 연실이가 가지고 온 잡지를 내어 들고, 명애에게 자기의 분함을 하소연하고 그 대책을 의논할 때에, 명애는 그 따위 문제는 애당초 중대시하지도 않았다.

"거기 어디 김연실이라고 이름을 밝히기라도 했니?"

"밝히진 않았어두 ××음악 학교 재학생이라면 이십여 명 유학생 중 나밖에 어디 있수?"

"긁어 부스럼이니라. 우습지 않니? 김연실이라구 밝히지두 않았는데, 김연실이가 웬 까닭으루 나 욕했소 하구 덤벼드느냐 말이다. 얘, 수가 있느니라. 이렇게 해라."

"어떻게?"

"아까 그 긴상 말이야. 긴상두 ××회(유학생회) 감찰부장이란다. 그 긴상이 말야, 내가 요전에 △△학교에 다니는 강상이라는 학생하구 이렇구 저렇구 할 때, 뭐 유학생계에 풍기를 문란케 하느니 어쩌니 해 가지구 매장을 한다 어쩐다 야단이란 말이지. 그래서 그 긴상의 내막을 알아보니, 자기도 그 송안나하고 그 꼴이지. 그래서 말이로다. 만일 긴상이 참말루 샌님 같은 사람이면 할 수 없지만, 자기도 그러는 이상에 무슨 낯으로 큰말이냐 말이다. 그래서 이 여왕께서 찾아가 주었구나. 한 번 비벼대 줄 셈이었지. 그랬더니 '곤냐쿠*'란 말이지. 흐늘흐늘……. 지금 애인이 되지 않았니?"

연실이는 멍하니 명애를 보았다. 경이라는 것을 모르는 연실이는 놀랄 줄을 모른다. 감동이라는 것을 모르는 연실이는 감동할 줄도 모른다. 그러나 이 이야기는 연실이에게는 다만 예사로운 이야기는 아니었다.

---

* **곤냐쿠** 곤약.

"언니, 그럼 난 어떡하면 좋수?"

"너도 나같이 그…… 너 욕한 사람 말이다. 그 학생을 찾아가려무나. 상판대기에 분칠이나 곱게 하구 연지나 찍구 찾아가서, 이건 왜 이러우 하구 한 마디만 턱 던지구 생긋 웃어만 보려무나. 그러면 나 잘못했소, 여왕님! 하구 네 발 아래 꿇어엎드리지 않으리."

"그러면?"

"그러면 됐지, 그 뒤가 있을 게 뭐람? 그러면 그 모 도학 청년이 네 애인이 되지."

"이상은 어쩌구?"

"차 버리려무나. 차 버리기가 아까우면 애인 두어 개 두구."

"언니, 남자란 여자를 보면 그렇게두 오금을 못 쓰우?"

"맛이 좋거든."

"맛이 좋단, 어떻게 좋우?"

"그게야 남자가 아니구야 어떻게 알겠니마는, 여자는 또 남자를 보면 그렇지 않더냐? 아유, 흥흥."

명애는 무엇을 생각함인 듯이 힘있게 연실이를 쓸어 안고 신음하면서 꺽꺽 힘을 주었다.

"언니, 내 진정으로 말한다면 나는 어디가 좋은지 몰라. 소설에 보면 말도 마음먹은 대로 못 하고 애인의 얼굴두 바루 못 본다는 등 별별 신비스러운 이야기가 다 있는데 나는 아무리 그렇게 마음먹으려 해두 진정으로는 안 그래. 웬일일까? 그게 거짓말일까?"

"그건 모르겠다만, 애, 잠자리 맛이란……. 아유 흥흥 아유 죽겠다."

"잠자리 맛이란 것두 따루 있수?"

"아이 망칙해. 우화 등선* 천하 제일감. 너 것두 아직 모르니?"

---

* 우화 등선(羽化登仙) 몸에 날개가 돋아 신선이 되어 하늘로 올라감.

"몰라."

"그럼 이상허구 뒤집어씌우기는 어떻게 했느냐?"

"그게야 그럭허는 게니 그랬지."

"얘두, 그럼 너 불구자로구나?"

단지 사내와 여인 — 애인끼리는 그런 노릇을 해야 하는 것으로 알고 있는 연실이에게는, 이 말은 알지 못할 말이요, 겸하여 불안스러운 말이었다. 그는 이 날 명애에게서 '성'에 대한 여러 가지의 지식을 알았다. 하늘은 종족의 단멸을 막기 위해서 성교에 특수한 쾌감을 주어, 이 쾌감 때문에 종족이 끊기지 않고 그냥 계속된다는 이야기며, 과부가 수절을 못 하는 것은 이 쾌감을 잊을 수 없어서 그렇게 된다는 이야기 등을 듣고, 그로 미루어 보자면 그것은 상식으로 판단키 힘들만치 유쾌로운 일인데, 아직 그것도 모르는 자기는 적지 않게 부족된 사람인 듯싶고, 이 때문에 마음도 적지 않게 무거웠다.

명애는 연실이에게 장차 그 남학생(잡지에서 욕한)을 찾아가는 경우에 그와 대응할 책략을 여러 가지로 가르쳤다.

결코 이렇다 저렇다 싸우지 말라 하였다.

"이건 왜 이러세요?"

이 한 마디만으로 웃기만 하라 하였다. 손님이 왔으니 과일이라도 사오라고 명령하라 하였다. 그리고 당신과 같은 장차 조선의 지도자가 될 사람이 왜 그리 사상이 낡으냐고, 산보를 청하고 활동 사진 구경을 동반하고……, 그리고 마지막에는 네 하숙으로 끌고 들어가라 하였다.

그로부터 수일 후, 연실이는 명애의 지휘가 너무도 정확히 들어맞으므로 도리어 놀랐다. 연실이가 찾아왔다는 하숙 하녀의 보고를 들을 때에, 그렇게도 울그럭불그럭하였고 서로 대좌하여서도 눈을 퉁방울같이 굴리던 그 남학생이,

"이건 왜 이러세요?"

의 한 마디에 멋쩍은 듯이 좀 누그러지고 그 다음에,

"과일이나 부르세요."

할 때에 하녀를 불러서 과일을 사왔고, 그 다음에는,

"하나 드십시오."

라는 권고가 그의 입에서 먼저 나왔고, 산보를 청할 때는 얼굴에 희색이 나타났고, 활동 사진을 구경한 뒤에 집에까지 바래다 달라니까 분명히 흥분까지 되었고, 잠깐 들어오기를 청할 때에 열적은 듯이 따라 들어왔고, 시간이 늦어서 마지막 전차까지 끊어지매 도리어 저 쪽에서 기괴한 뜻을 암시하였고…….

이리하여 연실이는 또 한 사내의 애인을 두게 되었다.

새 애인의 이름은 맹호덕이었다.

연실이가 새 애인을 둔 뒤에 이전보다 기쁨을 느낀 것은, 맹은 이전의 이창수와 같이 소극적이 아니었다.

역시 ××회의 회집이 있을 때마다 단상에 올라서서 조선 청년의 갈길을 부르짖고 학생계의 나약과 타락을 통탄하고 '우리'의 중대한 임무를 사자후 하고 하였지만, 그러한 적극성이 있느니만치 연실이에게 대해서도 적극적으로 따라다니고 불러 내고 호령하고 명령하고 하였다.

연실이의 마음은 차차 맹에게로 기울지 않을 수가 없었다.

"이것이 진정한 연애로다."

연실이는 이것으로써 비로소 자기는 진정한 연애를 하는 사람으로 믿었다. 그리고 이제는 온갖 점이 다 구비된 완전한 조선 여성계의 선구자라 하는 신념을 더욱 굳게 하였다.

"갈길을 몰라서 헤매는 일천만의 조선 여성에게 광명을 보여 주기로 단단히 결심하였습니다."

과거 진명 학교 시대의 동무에게 자랑삼아 한 편지 가운데 이런 구절이 있었다.

12

수없는 인명과 수없는 재물과 수없는 인류의 보화를 삼키고 제일차 세계 대전이 종식되었다.

일본도 이 전쟁에 참가는 하였다. 하나 겨우 동양의 한 구석 교주만 근처에서 퉁탕거려 보고 의식적으로 불란서 전선에 군대를 약간 보내어 본 뿐, 물질적으로 손해가 극히 적었다.

그 대신 이 전쟁 때문에 얻은 이익은 지극히 컸다. 지금껏 온갖 약품이며 기계를 독일서 수입하던 것이, 독일과 국교 단절을 한 관계상, 자작자급을 하지 않을 수 없게 되어서 과학계의 발달이 놀라웠다. 유럽에서는 전쟁으로 덤비느라고 일용품조차 제 나라에서 만들지 못하는 관계상, 미국이며 일본 등에 주문하여다가 쓰게 되니만치 무역상의 이익이 놀랍게 되었다. 해운으로 굴러 들어온 돈도 막대하였다. 위체 관계로 얻은 이익도 막대하였다. 그러나 이런 적지 않은 이익의 반면에는 손해도 또한 없을 수가 없었다.

과도한 자유주의와 사치 — 이것이 가장 눈에 띄는 악영향이었다.

서양 문명의 겉물 핥기 — 이삼 년 전까지만 하더라도 도리우찌*를 쓰는 학생이 없었고, 금단추 이외에는 쓰메에리 양복*이 쉽지 않았고, 학생은 세비로*를 안 입던 동경이 갑자기 변하여, 십팔구 세만 되면 세비로 한 벌을 장만하고, 여학생들은 새빨간 하오리*를 휘날리고 여자 양복도 드문드문 보이게 되었다.

서양 문명의 겉물을 핥는, 또 그 겉물을 연실이는 핥았다.

아무 속살도 모르는 단지 겉만 흉내내면서 어제보다는 오늘, 오늘보다

---

* **도리우찌** 사냥 모자.
* **쓰메에리 양복** 깃 높이를 4cm 가량 되게 하여, 목을 둘러 바싹 여미게 지은 양복.
* **세비로** 신사복.
* **하오리** 일본옷 위에 입는 짧은 겉옷.

는 내일, 이렇게 나날이 변하고 있었다. 그러나 그의 속 알맹이는 그 몇 해 전 '베개를 내려오라.' 면 내려오던 그 시절에서 한 걸음도 진척된 바가 없었다. 조선 신문화는 대개 동경 유학생의 힘으로 건설되었고, 문화의 제일 과정은 자유 연애였다.

연실이가 장차 조선에 돌아가면 건설하려던 조선 신문학은 연실이가 돌아올 때까지 기다리지 못하고 아직 동경 유학할 동안에 싹이 트기 시작하였다. 이고주라는 청년 문학도가 혜성과 같이 나타났다. 이 청년 문학도가 문학이라는 무기를 이용하여 처음 부르짖은 것이 자유 연애였다. 이 현상은 연실이로 하여금 더욱더 연애와 문학은 불가분의 것이라는 신념을 굳게 하였다.

이러한 동안에 최명애는 연실이보다 일 년 앞서서 졸업을 하고 동경을 떠나게 되었다. 송안나는 최명애보다도 일 년 전에 귀국하였다.

명애가 귀국할 날짜가 거의 가까운 어느 날, 연실이는 명애의 하숙을 찾아갔다. 오래간만이었다. 서로 연애에 골몰할 동안은 동무를 찾을 겨를도 과연 없었다.

"아이, 오래간만이구나!"

"언니 졸업 턱 받으러 왔어."

이런 인사로써 둘은 마주앉았다.

여자들끼리 만나면 으레 나오는 쓸데없는 이야기가 한참 돈 뒤에 연실이는 이런 말을 물어 보았다.

"언니, 귀국해선 무얼 하겠어?"

이 질문에 명애는 눈가에 명랑한 미소를 띠우고 잠깐 연실이의 얼굴을 본 뒤에 대답하였다.

"시집가련다."

"시집을?"

"그래, 우스우냐?"

"턱은 대었수?"

"글쎄 누구한테 갈지 갈팡질팡일세. 돈 있는 작자는 시부모가 있구, 단간 살림은 돈이 없구. 너무 잘난 녀석은 휘어잡기 힘들구. 너무 못난 녀석은 셋샤* 마음에 안 들구……."

그런 뒤에 명애는 최근 삼사 년간에 졸업하고 귀국한 남학생을 한 오륙십 명 뽑아 내었다. 그 가운데 세 사람은 명애하고 특별한 관계가 있던 것을 연실이도 안다. 그로 미루어서 나머지들도 다 그렇고 그런 사람들일 것이다.

"어디 네가 간택을 해 봐라. 누가 제일 낫겠니?"

"내가 아우? 아재 간택하는 법두 있수?"

"하하하하! 너 고창범이라구 알지?"

알기 뿐이랴. 연실이도 한두 번 명애 몰래 만나본 일이 있는 W 대학 문과 출신의 서울 사람이었다.

"셋샤 마음에는 고창범이가 가장 드는구나."

싱거운 사내였다. 호인 이상은 보잘데가 없는 사람이었다.

"고씨가 지금 어디 있수?"

"Y 전문 학교 문과 교수라네."

"부잔가?"

"저 먹을 게나 있지. 조금 덜난 편이지만……."

"그 사람 어디가 마음에 드우? 난 원 시원치 않소."

"그렇기에 내 마음에 들지. 네나 내나 시원한 남편 아래서 살 수 있을 것 같으냐? 안 될 말이지."

"난 귀국해서두 시집은 안 가겠수. 사내라는 건 도대체 한 달만 가까이 지내 보면 벌써 부려 먹으려 덤벼드는걸, 시집까지 가 주면 영 종

* 셋샤 '못난 사람' 이란 뜻의 일본말. 여기서는 '자기' 라는 말.

노릇 하게?"

"그도 그래. 하긴 그래두 늙으면 자식 생각 난다더라."

"시집 안 가군 새끼 못 낳수?"

"예끼, 화냥년!"

그 때 연실이는 임신 삼 개월이었다. 따져 보아도 누구의 종자인지는 분명치 못하였다. 그래서 때때로 이것을 뉘게다 책임을 지울까고 생각하고 하던 중이었다. 지금껏 진실한 의미로의 인생을 밟아 보지 못한 이 처녀들은 인생의 근심을 몰랐다. 인생의 가장 중대한 일을 가장 가볍게 여기고, 웃음과 희롱 가운데서 해결하려는 것이었다.

그 날 낮에 놀러 갔던 연실이는 밤도 깊어서야 제 하숙으로 돌아왔다. 입덧이 나기 때문에 식성이 까다롭게 된 연실이는, 제 하숙의 낯익은 음식보다 '자루소바*' 두 그릇을 참 맛있게 먹었다.

13

그 해 여름부터 가을에 걸쳐서 연실이의 아버지에게서 여러 장의 편지가 왔다. 첫 장은 꼬리표가 다섯이나 붙어서 겨우 연실이의 지금 하숙을 찾아온 것이었다. 수년간을 한 장의 편지도 않던 딸에게 갑자기 뒤따라 편지를 하는 데는 그럴 만한 곡절이 있었다. 연실이에게 시집을 가라는 것이었다. 신랑의 나이는 연실이와 동갑, 소실의 자식이나 사람 똑똑하고 한 삼백 석내기 물려받은 것도 있고 중학교를 졸업하였다 하는 것이었다.

그 때 배가 남산만하게 되어 학교도 쉬고 하숙도 옮기고 있던 연실이는, 첫 편지에는 귀찮아서 자기 주소만 알리고 편지 내용에 대해서는 묵살하는 뜻으로 씁쓸히 한 자도 언급치 않았다.

* 자루소바 '메밀국수'의 일본말.

둘째 편지에는 그런 젖비린내 나는 아이에게 시집이 다 뭐냐는 배짱으로 답장도 안 하였다. 셋째 편지는 방금 연실이가 몸을 풀은 이튿날 배달되었다. 여전히 회답도 안 하였다.

몸을 푼 지 한 달이 지나서 외출을 할 수 있게 된 때, 연실이는 갓난애(사내애였다.)의 아버지 후보자 중의 한 사람 맹호덕이와 함께 어린애를 붙안고 놀러 나갔다. 나갔던 길에 셋(갓난아이까지)의 사진을 찍었다. 며칠 후 사진을 찾아다 보니, 정녕 내외가 아들과 함께 찍은 사진이었다.

"어때요, 맹상?"

이 말에 맹은 서슴지 않고 대답하였다.

"오라범, 누이. 누이의 사생아."

"예끼!"

"하하하하!"

물론 이 사진은 방에 장식하든가 맹과 자기가 나누어 가지고 기념하든가 하려는 목적으로 찍은 것이 아닌지라, 의리상 맹에게 한 장 주고 자기가 두 장은 맡아 두었다. 공교롭게도 사진을 찾아온 이튿날 고향에서는 또 혼사 의논의 편지가 왔다. 여기 대해서 연실이는 회답 대신으로 사진을 아버지에게 보냈다. 무언의 거절이었다.

'저는 벌써 인처요 자식까지 있습니다.' 하는 뜻이었다. 과연 이 사진을 보낸 다음부터는 다시 편지 왕래가 끊어졌다.

연실이는 제2학기 한 학기를 병을 칭탁하고 쉬었다.

제3학기부터는 애는 유모 주고 다시 학교에 다녔다. 3학기 한 학기로 연실이도 '전문학교 졸업생' 이 되는 것이었다.

14

세계 대전쟁의 여파가 온 세계에 가지가지로 일어나는 가운데, 자유주의 나라인 미국이 던진 몇 개가 꽤 세계를 소란케 하였다. 가로되 국제 연맹, 가로되 민족 자결주의*, 가로되 무엇, 가로되 무엇. 이 가운데 민족 자결주의라 하는 여파는 조선 반도도 한동안 흔들어 놓았다.

연실이가 몸을 푼 뒤에 산후도 깨끗하여 3학기부터 학교를 가려고 준비할 때부터, 동경 유학생 간에도 적지 않은 동요가 일었다. 제3학기 초부터는 동요도 꽤 커 갔다.

경찰로 붙들려 가는 사람도 적지 않았다. 연실이의 아기의 가정 아버지 되는 맹호덕이도 이런 일에는 참견하기를 좋아하는 사람이라, 끼리끼리서 밤을 새워 가면서 수군거리며 돌아갔다.

조선의 신문학도요 겸하여 조선의 연애 교사인 이고주도, 동경을 건너왔다가 무슨 글을 하나 지어 놓고 재빨리 상해로 달아나고, 남은 사람들은 그 글을 인쇄하여 유학생 간에 돌리고 모두 사법의 손에 붙들렸다. 독립 선언서였다. 첫 봉화는 동경서 들리었다.

그러나 그 일은 연실의 생활이며 감정과는 아무 관련이 없었다. 무슨 일인지도 이해하지 못하였다. 그리고 3학기를 시작하였다.

3학기도 끝나고 내일 모레면 졸업식이라 하는 삼월 초하룻날, 온 조선에는 무슨 중대한 일이 폭발한 모양이었다. 그러나 그것이 문학과 관계 없고 연애와 관계 없는 이상에는 역시 연실이가 아랑곳할 것이 못 되었다.

졸업하고 곧 서울로 돌아가려던 예정이었다(고향인 평양 따위는 벌써 잊은 지 오랜 연실이었다.). 그러나 조선 안이 꽤 소란스러운 듯하므로, 연실이는 그 음악 학교에서 작곡과를 일 년간 더하고 조선

* **민족 자결주의** 민족 자결을 주장하는 주의. 1918년 1월 미국 대통령 윌슨의 '14항목' 이나 영국 수상 로이드 조지간의 제창에 의하여 고조된 사상으로, 우리 나라 3 · 1 독립 선언에도 이 주의가 명시되어 있다.

윌슨

이 좀 안돈된 뒤에 돌아가기로 하였다.

삼월 초하룻날의 소란*은 조선에 꽤 커다란 결과를 주었다. 사내(寺內) 총독의 무단 정치를 그대로 답습한 장곡천 총독은, 경성 시내에 장곡천정(長谷川町)이라는 정명* 하나를 남겨 놓고 갈려 가고, 재등실(齋藤實)이 새 총독으로 오게 되었다. 그리고 삼월 초하루의 소란은 무단 정치에 대한 반항이라 하여 문화 정치라는 깃발을 내세웠다.

그 덕에 지금껏 탄압하던 출판계가 좀 완화되어 신문, 잡지, 그 밖 서적들이 뒤이어 나타났다. 동시에, 신문학의 싹도 차차 완연하여 갔다.

이러한 현상을 바라보는 연실이는 그냥 편안히 동경에 있을 수 없었다. 작곡과 일 년간을 황황히 마친 뒤에 연실이는, 행장을 가다듬어 가지고 다시 조선으로 돌아왔다. 어린애는 '사도코*'로 주었다.

어서 돌아가서 선각자의 자리를 남에게 앗기우지 않아야겠다는 생각 때문에, 어린애 같은 것은 달고 다닐 수가 없었다. 온갖 방면으로 조선 선구녀형의 표본인 연실이는, 자식에게 가질 모성애라는 것도 결핍된 사람이었다.

연실이가 서울로 귀환한 때는 조선에도 두어 파의 젊은 문학도들이 생겨 있었다. 이 문학도들의 전기생이요 겸하여 조선 연애 교수인 이 고주는, 아직 상해에 피신해 있는 채 돌아오지 않았다.

15

"당추 고추 맵다더니 시집살이 더 맵구나. 언니, 시집살이 재미가 어

* **삼월 초하룻날의 소란** 1919년 3월 1일에 일어난 삼일 운동. 일제 통치의 굴레를 벗어나 자주 독립을 목적하여 항쟁한 민족적인 의거.
* **정명**(町名) 동네 이름. 정(町)은 일제 때의 동(洞).
* **사도코** 남에게 맡겨 기르게 한 아이. 일본말.

삼일 운동 민족 기록화

떻수?"

연실이가 서울로 와서 찾아든 곳은 명애의 집이었다. 명애는 고창범이와 결혼을 하고 이 도회 서부 어떤 고지대에 한양 절충식의 문화 주택을 짓고 살고 있었다.

명애의 집에 들어 짐을 대강 정리한 뒤에 연실이는 이렇게 물었다.

"야, 미나리 고쳐야겠더라. 청밀 사탕 달다더니 시집살이 더 달더라구."

"그렇게 재미나우?"

"그럼! 밤에는 서방 있겠다, 아침엔 귀찮은 서방은 학교에 가구, 나 혼자 편히 할 노릇 다 하겠다, 오후에는 — 야, 오후엔 우리 집 살롱엔 별별 청년들이 다 모여든다."

"무슨 청년들이우?"

"너 좋아하는 문학 청년들."

"고 선생……."

"아서라! 네 입에서 웬 갑작스러운 고 선생이야? 고상이지."

"고상은 너무하니 아재라 해 둡시다. 아재 찾아오우?"

"아재는, 나 찾아오지."

명애에게서 들은 바에 의지하건대, 조선의 새 문학도는 대개 두 파로 나눌 수가 있다. 하나는 〈시작〉이라는 잡지를 무대로 활약하는 파로, 이를 '시작파' 라 한다. 나머지 하나는 〈퇴폐〉라는 잡지를 무대로 활약하는 파로 이를 '퇴폐파' 라 한다.

그런데 시작파와 퇴폐파를 손쉽게 구별하자면, 말하자면 기생네집 놀러 간다 할지라도 시작파들은 기생방 아랫목에 누워서 기생을 호령하여 술을 부르고 음식을 부르는 데 반하여, 퇴폐파는 꽃다발을 받들고 기생집을 찾아가서 무릎 꿇고 이것을 바치는 사람들이라 하면 짐작이 갈 것이다. 퇴폐파는 그 명칭과 같이 불란서 시인식의 퇴폐적 기분이 꽤 농후

하였다. 명애의 살롱을 찾아오는 사람들은 퇴폐파거나 혹은 그들의 친구들이었다.

"와서는 무엇을 하우?"

"입에 거품을 물고 문학이 어떠니 인생이 어떠니 떠들지."

"그럼 언니는 어떻게 허우?"

명애는 미소하였다. 그리고 목소리를 낮추었다.

"내놓구 말이지, 어디 무슨 소린질 알겠더냐? 그래서 그저 웃고 보고 듣고 있지."

"오늘두 오우?"

"그럼! 나 없어두 저희들끼리 들어와서 한참씩 덤비다가 가니까……."

"나 좀 참가 못 할까?"

"왜 못 해. 네가 참가하면 모두들 아아, 우리의 새 여왕이시여 하면서 손으로 키스를 보내리라."

"이름은 누구 누구유?"

명애는 그들의 이름을 대강 꼽았다. 듣고 보니 신문이나 잡지에서 때때로 듣던 이름이 대부분이었다. 연실이는 매우 흡족하였다. 조선 신문단에서 활약하는 사람의 대부분을 손쉽게 사귈 기회를 얻었다.

이 년간을 동경과 서울 — 이렇게 만 리를 상격하여 있다가 만난 터이라, 서로 바꾸는 뉴스는 끝이 없었다. 그 가운데서 연실이가 가장 통쾌하게 들은 것은 송안나에 관한 뉴스였다.

송안나의 동경 유학 당시의 가장 마지막 애인은 I라는 사람이었다. 그리고 I와의 애정이 다른 여러 과거의 애정들보다 가장 깊었다. 그런데 송안나가 아직 졸업하기 전에 I는 먼저 졸업하고 고향에 돌아왔다가 병나서 죽었다. 송안나는 I가 죽은 반 년 뒤에 졸업하고 돌아왔을 때는, 벌써 새 약혼자가 하나 생겨서 약혼자와 동반하여 돌아왔다.

돌아와서는 곧 결혼식을 거행하였다. 결혼을 하고 신혼 여행으로 간다는 데가 어디냐 하면 죽은 I의 고향이었다. I의 고향에서 송안나는 결혼한 남편과 함께 죽은 애인의 무덤에 절하고(사죄라 하는 편이 옳을지) 새 남편의 주머니에서 돈을 꺼내어 I의 무덤에 비석을 해 세워 주었다. — 이런 뉴스였다.

냉정한 이성을 가지고 생각하면 송안나(뿐 아니라 연실이며 명애며 다 마찬가지다.)의 심리며 행동이며는 제 정신 가진 사람의 일이라고는 볼 수가 없었다. 그러나 명애는 깔깔대며 이 뉴스를 여성이 남성에게 대한 대승리라 하여 연실이에게 알렸고, 연실이는 손뼉을 두드리며 찬성하였다. 명애의 소위 살롱이라는 것은 마루방에 유리창을 달고 '센터테이블'을 가운데로 값싼 의자가 대여섯 대 둘려 놓여 있고, 센터테이블에는 재떨이 몇 개와 성냥 몇 곽이 놓여 있는 뿐이었다.

오후 세 시쯤 대여섯 명의 무리가 밀려왔다. 머리를 기르고 터키 모자를 비뚜로 쓴 청년, 새빨간 노끈을 넥타이 대신으로 쌍코를 내어 맨 청년, 머리를 통 뒤로 젖히고 칼날 같은 코를 때때로 이탈리아 식으로 킁킁 울리는 청년 — 동경서 사립 음악 학교를 다닌 연실이에게도 신기한 느낌을 주는 사람들이었다.

소설이나 시나 한 번 활자화되기만 하면 서로 이름쯤은 기억이 될 만한 단순한 시대라, 더욱이 여자인 김연실의 이름은 그들의 기억에도 있던 바였다. 그 위에 이 집의 여왕 명애의 입을 통하여서도 누차 들은 일이 있는 이름이었다. 그들은 두 손을 들어 환영하였다.

그 청년 가운에 한 사람은 연실이에게도 약간 기억이 있는 사람이었다. 옷은 별다르게 입지 않았으나 가장 유행형이었다. 구주 전쟁을 겪어 세계적으로 온갖 물자가 결핍하기 때문에, 옷 같은 것도 놀랍게 짧고 팽팽한 것이 유행되어 그 유행이 아직 해소되지 않은 시절이라, 옷이 좁고 짧은 것은 흠할 것이 아니지만, 이 청년의 것은 유달리 좁고 짧아서 누구가 보든 남의 것을 빌려 입은 것 같았다. 박형 나르당 제의 금시계와 꽤

커다란 금강석 반지와 밀화 궐련 물뿌리 등으로 부잣집 청년이라는 점이 증명되기에 말이지, 의복만으로 보면 남의 것을 빌려 입은 듯하였다. 김유봉이라는 이름이었다. 동경 미술 학교 출신이었다. 이 청년을 연실이는 짐작한다.

김유봉은 평양 사람이다. 김유봉의 증조할아버지는 평양의 전설적 치부가였다. 김유봉의 할아버지는 참령이었다.

이 김유봉의 할아버지가 참령 시대에 연실이의 할아버지는 군정이었다. 옛날 같으면 연실이의 할아버지라도 김유봉의 앞에 감히 앉을 자격도 없고 가까이 할 자격도 없는 사람이다.

연실이의 아버지도 이속이 되기 전에는 김 강동(강동 군수를 살았다고 김 강동이라 한다.) 댁에 하인 비슷이 드나들었다. 연실이의 아버지가 영리가 된 뒤에도 김 강동에게는 늘 하인같이 문안 다니고 하였다.

이러한 호상 관계가 있는 김유봉과 지금 대등의 자격으로 마주 앉아서 이야기를 할 때에, 연실이의 마음에는 일종의 긍지까지 일어나는 것이었다. 그들의 입에서는 동서 고금의 온 예술가들의 이름이 오르내리고 비판과 논란이 오르내렸다.

지금까지 자기를 여류 문학자로 자임하고 선각자로 자부하던 연실이로 하여금 적지 않게 불안을 느끼게 한 것은, 이 청년들이 떠들고 법석하는 이야기를 잘 알아듣기가 힘들뿐더러, 그들의 입에 예사로이 오르내리는 서양 문호의 이름조차도 연실이가 모르는 자가 적지 않은 점이었다. 명애의 말도 '그 작자들의 이야기는 내놓고 말하자면 잘 못 알아듣겠더라.' 하더니만 연실이 자기도 그러하였다.

이런 가운데서도 막연히 느끼는 바는, 연실이 자기의 학우들이던 저곳 '일본' 남녀들과 이 청년들이 전혀 마음 가지는 법이 다르다는 점이었다. 저 곳 남녀들은 단지 배울 것 배우고 놀 것 놀고 먹을 것 먹는 뿐이었다. 그런데 이 젊은이들의 마음가짐 가운데는 자기의 배운 것으로 민족을 어떻게 한다 하는 '대 사회' 라는 것이 있는 듯하였다.

16

연실이가 명애의 집에 기류하기 시작한 지 며칠이 지나지 않아서 연실이와 명애는 대판 싸움을 하였다. 명애는 자기의 남편되는 고창범이가 세상에 드문 호인인 것을 다행히 여기고 온갖 행동을 자유로 하였다. 그 소위 '온갖 행동' 이라는 데는 연애도 포함되어 있었다.

고창범이도 짐작은 한다. 그러나 성격이 덜 났느니만치 호인인 그는, 아내와 싸우기가 싫기도 하고 무섭기도 해서 모른 체하는 모양이었다.

명애의 상대 남자라는 것은 소위 살롱의 문학 청년도 있고, 남편의 친구도 있고 하여 대중이 없었다. 어느 일요일날, 이 날도 아마 명애는 그 애인 중의 누구를 만나러 나간 모양이었다. 그렇지 않고 놀러 나가려면 연실이를 두고 나갈 까닭이 없었다.

집에는 창범이와 연실이와 하인밖에 없었다. 창범이와 연실이는 같은 방에서, 창범이는 신문을 연실이는 소설을 읽고 있었다.

그 소설에는 마침 어떤 여자(주인공)가 이전 학생 시대에 자기와 관계 있던 남자의 아내(친구끼리다)에게 놀러 간다. 아내는 지금 찾아온 동무와 제 남편이 과거에 그런 일이 있은 줄은 모른다. 아내는 동무를 위하여 과일이라도 사러 가게에 나간다. 과거에 관계 있던 남녀가 단둘이 남는다. 여자가 눈을 들어 사내를 본다. 사내도 마주 본다. 서로 싱그레 웃는다. 서로 손을 내민다. 서로 끌어안는다. 이런 대목이 있었다. 이것을 읽다가 연실이는 뜻하지 않고 고창범이를 건너다보았다. 그러매 고창범이도 연실이가 자기를 보는 기수에 신문을 내리며 마주보았다.

뜻하지 않고 서로 싱그레 웃었다. 수 년 전에 마주 서로 보고 싱그레 웃던 일이 생각났다. 연실이가 말을 던져 보았다.

"재미가 꿀 같죠?"

"세상 살기가 귀찮아집니다."

"꽃 같은 부인에……."

"좀 가까이 와서 옛날과 같이 이야기나 해 봅시다."

고창범이는 손을 길게 뻗쳤다.

"명애한테 큰일나게……."

"이건 왜 이래!"

창범은 연실이의 옷깃을 잡았다. 옷깃에서 팔목으로 팔목에서 어깨로 — 서로 나란히 하고 그 뒤에는 어깨를 붙안고 뺨을 비비고 꼴이 차차 우습게 되어 갈 때에 문이 확 열렸다. 깜짝 놀라서 남녀가 떨어져 앉을 때에 문에 나타난 사람은 이 집의 여왕 명애였다.

명애에게는 너무도 의외인 모양이었다. 잠깐 멍하니 섰다. 서로 떨어진 남녀도 무슨 할 말도 없어서 우두머니 앉아 있었다.

드디어 명애에게서 노염이 폭발되었다.

"흥!"

이것이 첫 호령이었다. 다음 순간 화닥닥 뛰쳐들었다. 첫 발길로 제 남편을 걷어찼다. 다음 발길로 연실이를 차려 하였다. 연실이가 몸만 비키지 않았더면 물론 채였을 것이다. 연실이는 본능적으로 몸을 비켰다. 그 때문에 허공을 찬 명애는 탁 엉덩이를 주저앉았다.

"이놈의 계집애, 손질까지 하는구나!"

악이었다. 달려들어 연실이의 머리채를 휘어잡았다. 여기서 두 여인은 한참을 서로 악담을 퍼부어 가면서 머리채를 맞잡고 싸웠다. 명애의 남편은 어디로 언제 피하였는지 없어져 버렸다. 이 집 하인이 들어와서 간신히 떼어 놓을 때까지, 두 여인은 서로 옷을 찢으며 찢기며 머리를 뽑히며 코피를 쏟으며 가정 집물을 부수며 격투를 계속하였다.

하인의 중재로 겨우 떨어진 뒤에 연실이는 도둑년이라 부르짖으며 명애는 화냥년이라 부르짖으며, 각각 하인에게 끌려 딴 방으로 갈렸다.

제 방으로 돌아온 연실이는 즉시로 얼굴을 닦고 머리를 매만지고 옷을 갈아 입고 행장을 수습하여 가지고 명애의 집을 나왔다.

인력거에 몸과 짐을 실은 뒤에 연실이가 인력거꾼에게 가리킨 방향은 패밀리 호텔이었다. 이 패밀리 호텔에는 김유봉이가 묵어 있었다.

17

연실이가 동경으로 처음 떠날 때에 어머니의 주머니에서 훔쳐 가지고 떠났던 돈은 그가 공부를 끝내고 돌아와 명애의 집에 기류해 있는 동안 다 썼다. 그러나 당시는 일천구백이십년 전후의 호경기 시대라, 돈이 함부로 굴러다니던 때니만치 금전은 전혀 문제가 안 되었다. 만록총중의 일점홍으로 사천 년래의 제일 첫 사람인 신시인에게 생활 곤란의 문제가 생길 까닭이 없었다.

한 주일에 한 번씩 내야 하는 이 호텔의 방세는 괴상한 복장의 청년들이 경쟁적으로 순서를 다투며 부담하였다. 매 끼니끼니는 이 청년 중의 한 사람 혹은 몇 사람씩이 내고 하였다. 일용품들도 연방 갖다 바쳤다. 직접 금전으로도 바쳤다.

그러나 그런 것들이 다 없어진다 할지라도 연실이의 생활은 튼튼히 보장되었다. 김유봉이가 연실이의 패트런*이 되었다. 한 호텔에서 한 가지의 취미를 즐기는 젊은 남녀였다. 그 사이가 저절로 그렇게 되었다.

연실이는 연애를 동경한 지 수 년, 이 패밀리 호텔에서 비로소 소설에서 읽던 연애를 사실적으로 체험하였다.

가장 유행형인 의복으로 맵시나게 차린 김유봉과 동반하여, 혹은 교외를 산책하고 혹은 밤의 거리를 방황하며, 호텔의 창에서 갈구리 같은 달을 우러르며, 혹은 빗소리에 귀를 기울이며, 일찍이 소설에서 읽은 바와 같은 달콤한 속살거림을 서로 주고받았다.

"연실 씨, 연실 씨의 곁에 가까이 앉기만 해도 가슴이 울렁거립니다그려."

"아이 참! 김 선생님? 우리가 왜 좀더 일찍이 만나지 못했을까요?"

"그게 참 큰 한입니다. 아아! 이 달밤에 우리 산보나 같이 나가 볼까요?"

"네, 참 그러세요."

그리고는 서로 잡았던 손에 힘을 주고 서로 뺨을 비벼대고 하였다.

싸우고 난 뒤에는 다시 명애를 만나지 않았다. 여자의 친구는 남자일 것이지 여자는 여자의 친구가 되지 못할 것이다. 그 날 그 일에 일종의 희망을 붙였는지, 명애의 남편인 고창범은 몇 번 연실이에게 전화를 걸

---

* **패트런**(patron) 사람, 운동, 예술 등의 경제상의 후원자.

었다. 그러나 그 날 우연한 찬스에 다시 한 번 붙안겨 보기는 하였지만, 고창범 같은 남자에게는 일호*의 흥미도 느낄 수 없는 연실이는 다시 창범을 만나지 않았다. 퇴폐파의 문사며 그 밖 젊은이들도 차차 연실이를 김유봉의 애인으로 인식해 주는 사람이 늘어 갔다.

18

김연실이가 친구 최명애의 집에서 뛰쳐나와서 문학 청년 김유봉이 묵어 있는 패밀리 호텔을 숙소로 한 다음, 한 동안은 연실이에게 있어서는 과연 즐거운 세월이었다.

첫째로 김유봉의 연애하는 태도가 격에 맞았다. 아직껏 김연실이라는 한 개 여성을 두고 그 위를 통과한 여러 남성이, 첫째로는 열다섯 살 난 해에 그에게 일어를 가르쳐 주던 측량쟁이에서 시작하여, 농학생 이모며 그 밖 누구 누구 할 것 없이 모두 평범한 연애였다. 연실이가 읽은 많은 소설 가운데 나오는 그런 달콤하고 시적인 연애는 불행히 아직 경험하지 못하였다. 여류 문학자로 자임하고, 문학과 연애는 불가분의 것으로 믿고 있는 연실이에게는, 그런 평범한 연애는 그다지 달갑지 않았다. 문학자인 이상에는 연애는 해야 하겠고, 다른 신통한 상대자는 나서지 않아서 부득불 불만족하나마 그 연애로 참아 온 것이지, 결코 만족한 바가 아니었다. 그 유감이 김유봉으로 비로소 만족하게 해결이 된 것이었다. 달밤의 산보, 꽃 아래서의 속살거림, 공손히 바치는 꽃다발, 무수한 '아아'와 '어어'의 감탄사, 그 가운데서 미소로써 그를 굽어보는 자기를 생각할 때는 연실이는 만족감을 금할 수가 없었다.

자기를 에워싸고 모여드는 청년들도 연실이를 만족케 하였다. 청년들

* 일호(一毫) 몹시 가늘고 작은 털. 매우 작은 정도를 비유하여 이르는 말.

이라 하는 것이 죄다 명애의 집에 드나드는 그 무리였지만, 연실이가 명애의 집에 있을 동안은 명애가 여왕이요, 연실이는 한 배빈*에 지나지 못하였는데, 패밀리 호텔에서는 연실이가 유일한 여왕이요 중심 인물이며, 뭇 청년은 그를 호위하는 기사였다.

조선으로 돌아올 때에 그가 품었던 커다란 포부 — 첫째로는 연애를 죄악으로 아는 우매한 조선 사람의 사상을 타파하고(연실이는 이것이 문화의 제일보요, 여성 해방의 실체라 믿었다.), 둘째로는 연애의 실체물인 문학을 건설하고, 셋째로는 이리하여서 조선 여자의 수준을 세계적으로 올리려는 이 대이상은 착착 진척되는 듯이 믿었다.

이러한 가운데서 때때로 그로 하여금 불안을 느끼게 하고 초조한 생각을 느끼게 하는 것은, 즉 자기 자신의 지식 정도에 대한 의혹이었다.

뭇 청년들이 입에 거품을 물고 논쟁하는 이야기가 연실이에게는 알아듣지 못할 말이 퍽이나 많았다. 토론의 내용, 토론의 의의, 토론의 주지만 이해키 어려운 것이 아니라, 아니, 주지 내용에 대해서는 태반이 모르는 것뿐이었지만, 심지어 그들이 토론하는 이야기의 말귀도 알 수 없는 것이 많았다. 그들의 이야기 가운데 어떤 것을 무슨 형용사로 알고 듣고 있노라면 사람의 이름인 수도 있고, 낯설은 말을 누구의 이름인 줄 알고 듣고 있노라면 나중에 그것이 무슨 주의의 외국말인 수도 있고 — 요컨대 이 나라 말 저 나라 말이며, 학술상의 술어며 고유 명사를 막 섞어 가면서 토론하는 그들의 이야기는, 연실이에게는 거의가 알아듣기 힘든 것이었다.

같은 선각자로서 더욱이 만록총중의 홍일점*으로 이 그룹의 중심이 되는 연실이라, 그 입장으로도 침묵만 지킬 수가 없거니와, 그의 자존심

* **배빈**(陪賓) 높은 사람을 모시고 한 자리에 참여하는 손님. 주빈 이외의 손님.
* **만록총중의 홍일점**(萬綠叢中- 紅一點) '우거진 녹음 가운데 한 송이의 붉은 꽃' 이라는 뜻으로, 여기서는 많은 남자들 가운데 여자 하나가 끼어 있는 것을 이르는 말.

으로도 때때로 말을 끼어 보고 싶고, 더욱이 뭇 청년들은 연실이에게 듣게 하기 위하여 더 기써서 토론을 하는지라, 자연히 연실이는 말을 참견치 않을 수가 없는 경우가 적지 않았다. 그래서 처음 몇 번은 참견을 하여 보았다. 참견하였다가 멋없이 움쳐진 일이 여러 번 있었다. 공연한 맞장구를 치다가 머쓱해진 적도 적지 않았다. 연실이 자신도 무료해서 딴 말로 돌리고 하였지만, 그들도 민망해서 좌석이 싱겁게 되고 하였다.

그런 일을 누차 겪은 뒤부터는 연실이는 퍽 주의해서 그들이 연실이 모르는 토론들을 할 때에는, 연실이는 편물을 한다든가 독서를 한다든가 그런 시늉을 해서 개입할 기회를 피하고 하였지만, 마음으로는 일말의 불안을 느끼지 않을 수가 없었다. 망신스럽다는 일 자체도 불안하거니와, 조선의 여류 문학가요 선구자로 자신하고 있는 자기가 그렇듯 모르는 말이 많다는 점이 불안스러웠다. 이러한 가운데서 김유봉과 공동 생활의 일 년이 지났다. 일 년이 지나고는 김유봉과 갈라지게 되었다.

19

갑자기 생긴 일이 아니었다. 그 사이 일 년간 쌓이고 쌓인 여러 가지의 원인이 합하여서 연실이와 김유봉이 갈라지게 된 것이다.

공동 생활을 시작하여 석 달 넉 달은 그야말로 꿀과 같고 꿈과 같은 살림이 계속되었다. 유봉은 문학 청년다운 온갖 재롱과 아첨과 애무를 연실이에게 퍼부었다. 영화에서 본 바, 또는 소설에서 읽은 바, 온갖 서양식 연애 재롱과 연애 방법을 다하여 연실이를 애무하였다.

거기 대하여 연실이도 또한 자기의 아는 바 온갖 서양식 연애 기술을 다하여 유봉이에게 갚았다. 외출은 반드시 둘이서 끼고야 하였지만, 어떻게 유봉이 혼자서 나가게 되면 연실이는 들창문을 열고 천백 번의 키스를 유봉에게 던졌다. 돌아올 때는 맞받아 나가서 가슴에 매달려 함부

로 얼굴을 비벼대었다. 서양의 걸음걸이와 서양식 몸가짐과 서양식 표정 태도 등을 배우느라고 주의도 많이 하고 애도 퍽 썼다.

"아아, 김 선생님! 보담 더 행복되게, 보담 더 아름답게, 우리들의 라이프를 전개시키기 위해서 베스트를 다합시다요!"

"그렇습니다, 연실 씨! 현재에도 우리는 행복스럽거니와 더 큰 행복을 향해서 매진합시다."

"아아, 참 저는 김 선생님을 만난 것이 사막에 헤매던 사람이 오아시스를 만난 것 이상으로 환희의 절정이에요. 암흑에서 길을 잃고 갈 바를 모르던 사람에게 천의 일각에서 한 줄기 섬광이 비쳐서 길을 인도하는 것과 같아서 가슴이 환해집니다."

"오오, 하늘에서 명멸하는 무수한 별이여! 그대 어찌 타 꺼질 줄을 모르느뇨!"

"아아, 김 선생님!"

달도 없고 불도 없는 캄캄한 노대에서 주고받는 속살거림은 과시 서양식이고 서양식인지라 연애다운 연애이고, 연애다운 연애인지라 문학미가 충일된 것이었다.

이런 생활이 두 달 석 달 넉 달이 계속되었다. 그리고는 차차 주름살이 생기기 시작하였다.

유봉이에게 있어서는 연실이의 무학과 무식이 차차 눈에 뜨이기 시작한 것이었다. 연애에 달뜬 동안은 그런 흠들이 모두 눈에 안 뜨이거나, 혹은 뜨일지라도 흠으로 보이지 않거나 했던 것이, 차차 날짜가 지나서 냄새가 나기 시작하면서는, 이제는 현저히 보인 모양이었다. 평범한 이야기 하나도 변변히 알아듣지 못하여 동문서답이 태반이거니와, 연실이가 가장 문학적 회화를 하노라고 많은 형용사와 조사와 감탄사를 끼어 가지고 아름다운 청과 곡조로 하소연하는 미언 여구가 또한 본뜻과는 적지 않게 거리가 생겨서, 여류 문학가라는 것은 꿈에도 욕심 내지 못할 얕은 정도의 것이었다. 연애에 취하였을 때는 눈에 안 뜨이던 이런 흠이 차차 냄새가 나면서는 나날이 더 현저하게 눈에 거슬리며, 그뿐더러, 심상히 보자면 흠잡히지 않을 것까지도 흠으로 보이고, 수효도 늘어 가는 한편 흠의 정도도 크게 보여 갔다.

처음에는 모르게 지냈고, 그 뒤에는 실수쯤으로 가볍게 보고, 또 그 뒤는 간간 고쳐 주었고, 또 그 뒤는 핀잔을 주던 것이, 마지막에는 흠잡히지 않을 말까지라도 흠을 잡아 핀잔을 주고, 무식하다 매도하고, 일부러 큰 소리로 웃어 주어서 망신을 시키게까지 되었다.

말하자면 유봉이는 연실이에게 이젠 흥미를 잃었기 때문에 흠이 눈에 뜨이고, 대수롭지 않은 흠이 아주 크게 보인 것이었다.

유봉이의 심경이 이렇게 변함과 같은 보조로 연실이의 심경도 변하였다. 유봉이의 태도가 차차 불학 무식한 사람과 같아 갔다. 처음에는 아주 귀공자답게 단아하고 우미하던 유봉이가 날이 갈수록 차차 조야하고* 횡포하여 갔다.

처음 여왕을 보호하던 기사와 같던 태도는 차차 사라져 없어지고, 조야한 본성이 드러나면서부터는 그의 예술미까지도 자취를 감추어 버렸다. 연실이에게 대해서 문학을 토론하기를 차차 피하였다. 이것은 토론한댔자 연실이가 잘 알아듣지 못하는 — 말하자면 연실이의 실력이 발견된 탓도 있겠지만, 연실이가 알아들을 만한 이야기도 저희들끼리만 토론하였지, 연실이에게 향하는 일이 줄어 갔다. 물론 문학적 연애의 가지가지의 재롱도 점점 적어지고, 시도 없어지고, 달도 몰라 가고, 별도 몰라 가고, 꽃도 몰라 가고, 연실이가 '문학적 감동'으로 알고 있는 기분이며 정서는 물에 씻기는 듯이 줄어들었다. 유봉이가 연실이에게 요구하는 성행위(연실이는 성행위와 연애를 같은 물건으로 안다.)도 그들이 처음 만났을 때와 같이 우아하고 시적이요 문학적인 것이 아니고, 더럽고 추잡하고 무식한 — 그 옛날 어떤 저녁 연실이의 아버지가 애첩과 지내던 그런 종류의 것이었다. 연실이가 맨 처음 만난 측량쟁이(연실이에게 어학을 가르친)로부터 김유봉의 직전까지, 열 손가락을 꼽고도 남는 이성 가운데서 유봉이와 같이 추잡한 성행위를 요구하는 사람이 없었다. 이야기는커녕 생각만 하여도 얼굴에 모닥불을 놓는 것 같은 느낌을 면할 수 없는 행위를 실천하고 요구하니, 이 너무도 비문학적이요 비시적인 김유봉이가 선각자 연실이의 마음의 애인이 될 수가 물론 없었다. 그 위에 더욱더 그 무지한 본성을 폭로하느라고, 레이디에게 대하여 완력 행위까지 하기를 사양하지 않는 것이었다.

이 비문학적인 김유봉이에 대하여 연실이가 차차 소원하게 되어 가는

* 조야(粗野)하다 거칠고 막되다.

것은 당연한 일이었다. 석 달 넉 달이 지나고 반 년 열 달이 지나면서부터는 서로 기괴한 사이가 되어서, 극도의 증오와 극도의 배척심을 품고 서로 대하게 되었다. 물론 한 자리에서 잔다. 한 식탁에서 식사를 한다. 그러나 한 번의 미소도 없이 한 가닥의 '자연 찬송사' 도 없이 한 마디의 시도 없이, 제각기 제 감정 제 꿈으로 날을 보낸다. 그리고 이튿날도 또 같은 프로그램이 반복되는 뿐이었다. 문학으로 서로 얽혀지고 사랑으로 얽혀졌던 그들에게서 문학에 수준의 균형을 잃고 사랑에 공명점을 잃었으니(애당초부터 사랑이란 것은 존재치도 않았지만) 웃음이 있을 까닭이 없고 기쁨이 있을 까닭이 없었다.

동부인*하고 나다니는 일도 없어졌다. 유봉이의 친구들이 모여서 연실이를 중심에 두고 문학론들을 지껄이던 일도 지금은 전과 달라져서, 연실이는 따로 제쳐놓고 저희들끼리만 지껄였다. 그렇지 않으면 연실이만 호텔에 혼자 남겨 두고 저희끼리 밖으로 나갔다. 연실이가 명애의 집에서 뛰쳐나와 유봉이와 함께 패밀리 호텔에 기류한 처음 한동안은 명애의 살롱에 모이던 그룹이 패밀리 호텔을 집합소로 삼고 거기서들 놀았다. 그러던 것도 연실이와 유봉이의 사이가 식어 갈 때는 차차 다른 곳으로 모였다.

연실이는 차차 문학과 떨어졌다. 선구자라는 긍지에도 꽤 흔들림이 생겼다. 문학을 호흡하고 문학을 음식하려는 것이 연실이의 이상이요 희망이거늘 결과는 그 반대였다.

패밀리 호텔에서 이런 대중 잡지* 못 할 생활의 일 년을 보낸 뒤에 그 생활에 파국이 이르렀다. 파국이랬자 그 이론 방법은 너무도 싱거웠다. 다툼, 하다못해 언쟁 한 마디도 없이, 사실로는 연실이는 그것이 유봉과는 이별인 줄도 모르고 이 국면을 맞은 것이었다.

* 동부인(同夫人) 남편이 부인과 함께 동행하는 것.
* 대중 잡다 어림으로 헤아려 짐작하다.

어떤 날 유봉은 갑자기 고향 평양에 잠깐 다녀오겠다고 하였다.

"가면 언제쯤 와요?"

연실이는 이렇게 물었다. 이젠 존경사도 서로 약해 버리는 처지였다.

"글쎄, 한 주일 걸릴까, 한 반 삭 걸릴까? 혹은 반 년이 될지도 모르구……. 혼자 있기 무서운가? 무서우면 장정이나 하나 시침시키지."

농담인지 진담인지도 알 수 없었다. 그리고 용채로 쓰라고 몇백 원 집어 주고 짐은 말끔히 꾸려 가지고 나갔다.

"곧 다녀오면 무슨 짐이 그리 많소?"

하도 시시골골이 제 물건은 다 꺼내어 싸므로 이렇게 연실이가 물으매, 그는,

"올 때 도로 가져오면 되지."

하고는 하나도 남김없이 싸 가지고 떠났다.

연실이는 거기 무슨 의심을 두지 않았다. 며칠을 다녀오려는지 그 동안 오래간만에 좀 홀로 지내는 자유를 향락하고 싶었다. 정거장에나 나가 봐야 할 것이나, 유봉이가 한사코 말리므로 그것 좋다 하고 그만두었다. 그랬는데 그로부터 나흘 뒤 오정쯤, J라는 사람이 호텔로 찾아왔다. J는 어느 민간 신문 기자였다. 성격은 좋게 말하자면 호협한* 남자요 나쁘게 말하자면 뻔뻔한 사람이었다. 현재는 연실이가 유봉이와 남이 아니고 유봉이는 시골 간 줄 알면서 찾아왔으니 미루어 알 것이다.

"김 소사*!"

칭호부터 괴상하였다. 연실이는 영문 몰라 번번히 쳐다보았다. J는 모자도 쓴 채로 의자 걸상 다 버리고 침대에 덜컥 가서 앉았다. 그리고는 편안한 듯이 두어 번 들석들석 춤을 추어 보고는 지팡이로 침대보를 두드리며,

* 호협(豪俠)하다 호방하고 의협심이 강하다.
* 소사(召史) 〔성 아래에 붙이어〕 '과부' 를 점잖게 이르는 말.

"사숙이구 여관이구 어서 하나 정해야지 않소?"
하며 머리를 기울이고 연실이를 들여다본다. 여전히 알 수 없었다.
"이 호텔은 하루 방세 사 원, 식사까지 하면 칠팔 원 이상이 걸릴 테니 어떻게 방침을 세워야지 않겠소?"
여전히 모를 말. J는 비로소 유쾌한 듯이 한 번 크게 웃었다.
"여보 긴상, 시바이*는 그만두고 내 앙천 대소*할 만한 뉴스를 하나 긴상께 알리지. 다른 게 아니라, 유봉이가 시골에 갔다는 건 일장 시바이구, 녀석 ××동에다가 오부득하니 신접살림 꾸려 놓고 소꿉질 살림에 정신 빠졌답니다."
"재미나겠군요."
연실이는 가볍게 대답하였다. 대포를 잘 놓는 J라 거짓말로 알았다.
연실이가 믿건 말건, J는 여전히 연실이의 얼굴을 들여다보면서 제 말을 계속하였다.
"게다가 이 로맨스 유출 유기해서 미금 앙천 대소니 즉 소꿉살림의 마담이 누군가 하면 전 Y 전문 학교 문과 교수 고창범 씨의 영부인 최명애 여사, 어떻습니까?"
"참 재미나는걸요. 신문 기사는커녕 소설 재료도 될걸요."
"자, 산보나 나갑시다. 구데기 나겠소이다."
"오늘은……."
"머리가 아프지요? 두통에는 산보가 제일 약입니다. 자, 어서."
연실이는 웃지 않을 수가 없었다.
"다리가 아파 못 나가겠는걸요."
"그렇지, 종일 누워 있으니 다리도 저리리다. 운동을 해서 펴야지."
서두는 바람에 연실이는 하릴없이 따라나섰다. J는 연실이를 끌고 걸

* 시바이 '연극'의 일본말.
* 앙천 대소(仰天大笑) 하늘을 쳐다보고 크게 웃음.

어서 이리저리 돌아다녔다. 적잖은 길을 걸었다. 그리고 어떤 골목 앞에까지 이르러서 J는 걸음을 느리게 하며 연실이를 돌아보고,

"자, 이 도적놈들 보세요."

하며 지팡이를 들어서 그 앞집의 문패를 가리켰다.

연실이는 지팡이 끝을 따라 눈을 들었다. 새로 이사 온 집인 양하여 거기는 문패 달렸던 자리만 희게 남고 그 대신 명함이 한 장 붙어 있었다. 보니, '김유봉' 이었다.

연실이는 거기서 넘어지지도 않고 비틀거리지도 않고, 호텔까지 돌아옴에 뉘게 부축받은 기억도 없고, 자동차나 인력거를 탄 기억도 없이 — 요컨대 평상과 조금도 다름없이 돌아왔다. 그러나 이상한 것은 돌아온 행보며 노순이며 길에서 보고 들은 것에 대해서는 하나도 기억에 남은 것이 없었다. J와 함께 돌아왔는데 그 기억조차 없었다.

20

유봉이를 잃은 것은 아깝지도 않았고, 헤어지게 된 것이 서럽지도 않았다. 냉정히 생각하자면 이젠 냄새나던 처지라 도리어 시원한 편이었다. 그러나 너무도 가볍게 마치 헌신 버리듯 버린 것이 분하였다. 자기가 헌신같이 버림받았으면, 자기는 유봉이를 걸레같이 버렸다 생각하였다.

이튿날 호텔에서 나왔다. 새로 적당한 주인을 잡기까지 며칠을 자기의 주인 집에 있으라는 J의 권고를 따라서 짐을 임시 J의 하숙에 부렸다.

정조 관념에는 전연 불감증인 연실이는 J와의 동서* 생활도 그저 그렇고 그럴 것이라고 꺼려지지도 않는 대신 달갑지도 않았다. 다만 문학적 생활(연애를 하고 달을 찬송하고 별을 노래하며 꽃을 사랑하는)에서 꽤

* 동서(同棲) 한 곳에 함께 사는 것.

멀리 떨어진 것이 매우 섭섭하였다. 다시 그 생활에 들어갈 기회를 포착하기에 마음썼다. J는 문학미는 전혀 없는 사람이었다.

J에게서, 연실이는 김유봉이와 최명애가 이렇게 되기까지의 전말을 들었다. 그것은 연실이와 유봉이가 갈라지게 된 전말보다도 더 싱거웠다. 유봉이와 명애가 남의 눈을 피하기 시작한 것은 벌써 오래 전부터였다. 그러다가 최근 어떤 날 명애의 남편 고 교수가 학교에서 교수를 끝내고 허덕허덕 집으로 돌아와 보니까 아내가 없었다. 그 아내는 항용 나다니는 아내라 심상히 여겨서 찾아보지도 않았더니, 그 날 밤이 깊어도, 밤이 새고 새 날이 와도 또 다른 새 날이 와도 아내는 돌아오지 않고, 사흘 뒤에 사진 한 장이 우편으로 배달된 뿐인데, 그것은 김유봉이와 최명애가 내외와 같은 태도로 찍은 사진이었다. 그것은 마치 연실이가 수 년 전 아버지에게서 혼담 편지를 받고 회답 대신으로 연실 자기와 남학생과 갓난애의 세 사람이 찍힌 사진을 보내 버린 것과 마찬가지로 무언의 이혼장이었다.

본시 신경이 둔한 위에, 그 때 마침 어떤 신문 여기자와 밀접히 지내던 고 교수는, 지금 받은 사진을 찢어 버리고 그 대신 자기와 여자 기자가 찍힌 다른 사진을 꺼내어 사진틀에 넣고, 사진만 아니라 안방의 주인까지도 그렇게 바꾸었다. 이것이 그 전말이었다.

21

시대의 물레바퀴는 쉼없이 돌아간다. 한눈 팔기만 하면, 한 걸음 절룩하기만 하면, 시대는 그 위를 용서 없이 타고 넘어서, 정신 차릴 때는 벌써 까마득한 앞에 달려가 있다.

연실이가 패밀리 호텔에서 유봉이와 연애에 골몰한 일 년을 지내고, 다시 인간 세계에 나와서 둘러볼 때는(그 사이가 단 일 년의 짧은 기간이나

마), 조선의 사회도 적지 않게 변하였다.

문사의 수효가 놀랍게 많아졌다. 한 십여 일 J의 하숙에 몸을 기탁하고 있다가 성 밖 어느 조용한 늙은 과부의 집에 방 하나를 얻고 자리를 잡자, 유명 무명의 문사들이 육속하여* 연실이를 찾았다. 새 총독의 문화 정치의 여덕으로 적잖은 신문 잡지가 발간이 되어서, 지면은 많아졌으나 집필자가 부족하여, 무슨 글이든 생기기만 하면 활자화되는 문사 대량 산출의 시절이었다. 주판을 던지고, 곡괭이를 던지고, 운전 핸들을 던지고 인력거 채를 던지고, 중학교 제모를 벗어 던지고. 포승을 던지고 — 모두들 붓을 잡았다. 시, 소설, 수필, 온갖 형식의 문학이 놀라운 수효로 생겨나서 백화 난만의 형태였다.

조선 신문학의 초창자인 이고주가 '문예' 라는 다분히 선전력을 가진 무기를 들고 처음 창도한 것이 자유 연애 찬송이었는지라, 신문학도들이 첫번 출발하는 자리는 천편일률로 '연애' 였다. 연애 소설, 연애 시, 연애 수필, 무릇 옛날에 있어서 '자왈' 이 없으면 글이 성립 못 된다는 관념에 대신하여, '연애' 가 포함되지 않은 글은 존재할 수 없다는 새 공식이 생겼다. 먼저는 최명애의 집에 그 뒤를 김유봉의 품에, 이렇듯 감추여서 공개되지 않았던 '다정 다한한 여류 작가 김연실' 의 공개는 큰 센세이션을 일으켰다. 마치 저자와 같이 연실이의 집은 늘 청년 문학도들로 우글우글하였다.

그 어떤 날, 그 날도 사오 명의 청년 문학도들이 연실이의 살롱(그들은 이 집 마루를 '살롱' 이라고 불렀다.)에 모여서 잡담들을 하던 끝에, 그 가운데 안경 쓰고 얼굴 창백한 친구가 연실이를 찾았다.

"미스 연(그들은 이렇게 연실이를 부른다), 여류 문사 친목회를 조직해 보시지요?"

* 육속(陸續)하다 끊이지 않고 계속하다.

"글쎄요."

연실이는 얼굴에 썩 점잖은 미소를 띠고 대답하였다. 그 표정은 근일 거울과 의논하여 가면서 수득한 것이었다.

"누구 어디 사람이 있어야지요."

사실 만록총중의 홍일점으로 연실이 자기밖에는 여류 문사가 있다는 것을 모른다. 이 연실이의 의향에 창백한 청년이 반대의 뜻을 보였다.

"왜요, 많진 못하지만 몇 분 되시지요."

"누구 누구?"

"저 최명애 씨라구 모르세요? 전 고창범 씨 부인……."

"네, 알기는 알지만……."

알기는 아나 최명애가 문사라는 것은 금시 초문이었다. 연실이는 의아하여 반문하지 않을 수가 없었다.

"뭐 쓴 게 있습니까?"

"예, 아마…… 있지요."

그리고 곁의 뚱뚱한 친구를 돌아보았다.

"K군, 최명애 씨가 언젠가 〈×××〉에 뭘 썼지?"

"그렇지. 아, 아니야. 〈×××〉이 아니구 〈○○〉 창간호야."

"그렇던가?"

"분명히 그래. '고향 부농들은 삼성하라' 는 제목으로 아마 서너 페이지 넉넉히 돼."

"응, 나두 생각나는군(다른 청년이 끼여들었다.) 조리 정연하게 명문하던걸."

"그럼, 선각자구 말구. 여자 층의 지도자지. 또 친목회 하자면 또 있습니다. 송안나 씨라구, 글 쓴 건 못 봤지만 아주 웅변가구 활발하지. 또 있습니다. ××× 씨, ○○○ 씨 — 대여섯 분은 넉넉히 될걸요. 우선 그 몇 분만으로 조직하구 차차 더 입회시키면 여남은 남게 되리라. 그만 했으면 회가 되지 않겠습니까?"

"그러세요. 미스 연이 주창하셔서 여류 문사 친목회를 조직하세요."

연실이는 솔깃하게 들었다. 첫 순간은 최명애 등등에게 작품이 없이 어찌 문사라고 하려누 생각도 했으나, 그렇게 따지자면 자기도 이렇다 할 작품이 없기는 일반이었다. 자기에게 작품이 없은 것은 그런 시간이나 기회가 없었기 때문이지 결코 문사가 아닌 때문은 아니다. 언제든 찬스만 있으면 작품은 얼마든지 나올 것이다. — 연실이는 이렇게 알고 있다. 따라서 명애며 그 밖 지금 말썽된 사람들도 기위 연애를 이해하고 연애를 사랑하고 자유로운 환경과 새로운 지식 가운데서 사는 사람들이니, 문사의 회원될 자격은 넉넉하리라. 좀 꺼리는 바는 최명애를 만나기가 열적은 점과, 그보다도 명애를 만나려면 또한 필연적으로 만나게 될 유봉이를 대하기가 면증한 점이었다.

"미스 연, 꼭 조직하세요."

"글쎄요. 누구가 조직하면 난 회원이나 되지요."

"그게 될 말씀입니까? 가장 화형이 되실 분이 뒤에 숨어서야 됩니까? 꼭 선두에 나서야 합니다."

"글쎄올시다."

이만치 하여 두었다. 그러나 그 밤은 연실이는 많은 공상 때문에 얼른 잠이 못 들었다. 연실이에게는 쉽잖은 경험이었다. 한창 처녀 시절에도 그다지 공상의 세계를 모르고 지낸 그였지만 이 저녁은 공상이 일어났다. 생활 환경 때문에 한 동안 문학계에서 떠나 있다가 다시 그 길로 돌아가렴에 임해서, 자기의 전도에 다시금 비치는 찬연한 광휘에 현혹되어 잠이 잘 못 들었다.

그로부터 며칠 뒤에 여류 문사의 친목회가 조직되고 제일회 회장으로는 송안나가 뽑혔다. 멤버는 전부가 과거의 동경 유학생이고, 법률이 보호하는 남편이 없는 사람들이었고, 환경이 지극히 자유로운 사람들로서 나이는 스물다섯을 전후하였다. 회의 집합 날짜며 장소도 특별히 없고, 몇 사람이 우연히 모이면 서로 찾아가서 모이게 되고, 모이면 남자 문사들을 찾아 가지고 산보를 간다든가 식사를 한다든가 하는 것이 그 회의 행사였고, 이 회원의 단 한 가지의 특징은 서로 의논해 가면서 빛깔 같은 옷을 입는 것뿐이었다. 이 회 첫 회합에서 오래간만에 명애를 만난 연실이는 열적은* 것을 참고,

"김 선생님(유봉)도 안녕하세요?"

하고 물어 보았다. 여기 대하여 명애는,

"너 몹시 보고 싶어하더라."

하고는 픽 웃어 버렸다. 그리고 이것으로써 이 두 여인의 사이에 막혔던 막은 단숨에 없어져 버렸다. 둘의 교제는 다시 시작되었다.

22

하늘은 인생이라 하는 것을 커다란 키에 담아 가지고 끊임없이 키질을 한다. 그 키질로써 가라지, 쭉데기, 껍질, 먼지 등은 날려 버리고, 알맹이만 따로 추려 낸다.

너무도 급격히 수입된 신문화의 선풍과, 그 때 때를 같이하여 전개된 대경기의 덕택으로 생겨났던 가라지며 쭉데기는 이 키질에 모두 정리되었다. 세계적으로 이르렀던 대경기의 반동으로 온 세계는 전고 미문의 불경기 시대를 현출하였다. 큰 회사 큰 재벌들이 푹푹 넘어지고 파산자가 온 세상에 충일되었다.

불경기는 자숙을 낳는다. 한때 경기에 생겨났던 부박한 세태와 경표한 풍조는 한꺼번에 쓸리어 나갔다.

* **열적다** 조금 겸연쩍고 부끄럽다.

신생 조선 문학도 이 영향을 크게 받았다. 금전의 여유가 있어서 자연 출판계가 흥성하였고, 그 덕에 어중이 떠중이가 모두 주판을 던지고 망치를 던지고 붓대를 잡았었는데, 한풀 꺾인 다음에는 그들은 다시 예로 돌아가지 않을 수가 없었다. 백에 하나가 겨우 이 키질에도 자기의 명맥을 보존하였지, 나머지의 대부분은 좀 우한 자는 신문 기자로, 그에 버금한 자는 광고 문안자로, 또 그 아래로는 과거 대경기 시대에 몇 번 제 이름이 활자화해 본 것을 연줄로 억지로 그냥 매달려 있는 사람으로 — 이렇듯 그냥 붓대를 잡는 사람도 있지만, 대개는 각기 제 재분에 따라서 새 직업을 따라갔다.

그런 가운데서 연실이는 '여류 문사'라는 특별한 지위의 덕으로 그냥 문사의 한 사람으로 남아 있기는 하였다. 조선에서 가장 처음의 여류 문사로, 연실이의 이름은 하도 크게 알려져 있었기 때문에, 한 개의 작품 행동도 없었음에도 불구하고 이 정리통에도 그냥 남아 있기는 하였다.

그러나 경제상의 압박은 피할 수가 없었다. 연실이는 아직껏 경제 곤란이라는 것을 전혀 모르고 지냈다. 언제 누구가 어디서 주는지는 자기로도 기억이 흐리지만, 언제든 주머니에는 여유가 있었다. 주머니에 여유가 있는 외에, 또 필요한 물건은 어디서 언제 생기는지 늘 저절로 부족을 모를 만치 준비되어 있었다. 물질상의 곤란이라는 것이 존재한 줄조차 모르고 살아왔다. 이러다가 갑자기 생전 처음으로 경제 곤란이라는 것에 직면하니, 어찌해야 될지 전혀 도리가 생각나지를 않았다. 온갖 사물에 대해서 지극히 감수성이 둔한 연실이도 현실의 경제 곤란에 직면해서는 갈팡질팡하였다.

경기 좋은 시절에는 그 살롱에는 늘 청년들이 우글우글하였고 경제 곤란을 모르고 지냈는데, 불경기 선풍이 불자, 살롱이 차차 적막해 갔고, 동시에 연실이의 주머니도 가벼워 갔다. 간간 일 원, 삼 원, 오 원 등 생기기는 하였지만, 이런 부스럭 돈으로는 생활비가 되지를 않는다.

주인집의 하숙비를 한 달은 잊어버린 체하고 거저 넘겼다. 매일 대문을 드나들 때마다 채근받는 것 같아서 간이 조막만하게 되고 하였다.

한 달이 지나고 두 달 만에 종내 채근을 받았다. 빚 채근이 평생 처음인 연실이는 저녁때 드리마 하고 그냥 나왔다. 저녁때라고 돈이 생길 까닭이 없었다. 저녁때까지 이 동무 저 동무네 집에 일도 없이 돌아다니다가 저녁때도 하숙으로 돌아가지 못하고 어느 동무네 집에서 밤을 지내고, 이튿날 아침은 역시 갈 데가 없어서 식전 새벽에 명애네 집을 찾아갔다. 명애는 유봉이와 갈려서 다른 사람과 동서하는 때였다. 꼭두새벽에 침침한 얼굴로 찾아오는 연실이를 명애는 놀라면서 반갑게 맞았다.

"웬일인가? 자, 건넌방으로 들어가세."

겨우 지금 자리에서 일어나는 모양이었다.

"안녕하세요?"

"응, 안녕할세마는 연실이는 진새벽에 웬일이야?"

연실이는 씩 웃었다. 적당한 대답이 없기 때문이었다.

연실이가 자기의 가슴에 품은 근심을 명애에게 하소연한 것은 점심때도 거의 되어서 명애의 남편(?)이 외출을 한 뒤였다.

"에이, 이 바보야!"

연실이의 하소연을 듣고 명애는 명랑한 웃음을 한가닥 웃은 뒤에 이렇게 내던졌다.

"상판대기 반질허구 나이두 아직 젊었겠다, 이 좋은 세상에서 돈의 걱정을 한담? 죽어 불여라. 이생 하 쓰리오?"

"그럼 어떡허우?"

"그 맛 지혜도 안 나니? 녀석들 가운데 그 중 어수룩해 보이는 녀석하구 단둘이서 있을 기회를 타서 한번 장태식하는* 게지. 우리 천사여,

* 장태식(長太息)하다 장탄식하다. 긴 한숨을 내쉬며 탄식하다.

왜 한숨을 짓는 겐가? 아아, 선생님! 인간엔 왜 이다지 고초가 많사외까? 무슨 고초외까, 우리 천사여? 말씀드릴 바가 아니외다. 꼭 말씀, 아니, 꼭, 아니, 두세 번 사양을 하다가 마지못해 한숨의 곡절을 설명하려무나. 거기 주머니를 벌리지 않는 녀석은 따귀를 갈길 겔세."

연실이는 탄식하였다.

"그래도 염치에……."

"염치? 뒤집어씌울 땐 언제구 점잔 뽑을 땐 언젠가? 말이나 말아라. 샨노메 쟈시까 같으니!"

남의 감정을 생각지 않고 함부로 내던지는 농담에 저절로 찌푸려지려는 눈살을 감추려고 연실이는 외면을 하였다. 물론 명애에게서 무슨 해결을 얻자고 찾은 바는 아니다. 갈 곳도 없고 하도 클클해서 왔던 바였다. 왔다가 말말결에(가슴에 뭉쳤던 근심이라) 저절로 터져나온 것이었다.

놀랍게 짧은 가을 해가 서편 하늘에서 춤을 출 때에 연실이는 명애의 집을 나섰다. 그냥 있을 수가 없어서 나서기는 하였지만 갈 곳이 없었다.

앞이 딱하였다. 다른 단련은 퍽했으나 경험했지만 빚 단련은 처음 겪는 것이다. 집으로 돌아갈 용기는 나지 않았다.

어제 저녁에 갚으마 한 것을 오늘도 빈손으로 들어갔다가 주인 노파에게 채근받으면 무어라 대답할까? 황혼에서 어둠으로, 각각으로 변하는 하늘 아래서 연실이는 지향 없이 헤매고 있었다.

또 누구의 집을 찾아가서 이 밤을 보낼까? 혹은 눈 딱 감고 집으로 돌아갈까? 이렇게 헤매다가 저편 길 모퉁이에 전당국 간판이 있는 것을 보고 부끄럼을 무릅쓰고 집으로 들어갔다. 팔목에 찼던 시계를 이십 원에 잡혀서 비로소 길게 숨을 내쉬고 주인집으로 향하였다.

23

시계를 잡혀서 간신히 눈앞의 불은 껐다. 그러나 사람이 삶을 경영하는 동안은 언제까지든 의식의 종 노릇을 해야 하는 것이라, 한 개의 불을 껐다고 문제가 아주 해소되는 것이 아니었다. 연실이의 소유물이 차차 줄어 가기 시작하였다. 처음에는 값지고 경편*한 물건이 차례로 없어졌다. 그러나 나중에는 물건을 선택할 처지가 못 되었다. 육중하고 값 안 나가는 물건, 내놓기 싫은 기념품까지도 차례로 나갔다.

전당국 출입이 처음에는 부끄럽기도 했고, 남의 눈을 피하노라고 돌림길도 해 보았지만, 차차 어느덧 비위가 생기고 값을 다투는 재간까지도 터득하였다. 명애는 '녀석의 주머니에서 돈을 따내라.' 고 권고하였다. 명애며 안나며 그 밖 이전 여류 문사회의 멤버 또는 같은 성질의 여인들은 모두 그 수단으로 삶을 경영한다. 그러나 연실이는 그러기가 좀 어려웠다. 차마 용기가 안 났다. 예전 여류 문학자가 되기 위해서는 그렇게도 용감스럽게 그렇게도 비위좋게 능동적으로 정복적으로 남자에게 접근하였지만, 금전과 의식을 위해서는 그럴 용기가 당초에 나지 않았다. 저편 쪽에서 먼저 요구하여 오면 피하거나 사양할 연실이가 아니었지만, 이 쪽에서 능동적으로 나갈 용기는 없었다.

그런데 저편 쪽에서는 연실이에게 대해서만은 선착수를 피하려는 눈치가 분명하였다. 그 연유는 연실이가 너무도 유명하기 때문이었다. 실정에 있어서는 명애나 안나나 그 무리들의 방종한 행위가 연실이보다 훨씬 더 심했지만, 인간으로서 연실이가 더 유명했기 때문에, 소문이 더 널리 퍼지고 많이 퍼지고, 에누리가 붙고 덤이 붙고 하여, 소문만으로는 연실이에게 걸려들었다가는 큰코를 다치게 되는 듯이 알려졌으므로, 상종하기를 피하는 사람이 적지 않았다.

무서워까지는 않는 사람일지라도 연실이가 하도 유명한 여인이라, 그

* 경편(輕便) 가볍고 편하거나, 손쉽고 편리한 것.

와 사귀었다가는 자기도 소문이 높아질 것을 꺼리어서 피하였다. 그렇지 않은 사람은 또 '유명한 김연실'에게 마음을 두었다가 방을 맞을까 보아 마음도 안 두었다. 이런 관계들로 연실이는 피동적 입장에 서기는 어려운 처지였다. 능동적으로 자기가 못 나서고 피동적으로는 부르는 사람이 없으니, 이 길로는 단념할밖에는 없었다. 어찌어찌해서 만나게 되는 사람도 하루 이틀에 그치지 오래 계속되는 사람이 없었다.

연실이의 생활은 차차 참담하여 갔다. 전당잡힐 물건도 이젠 다 잡혀 먹고, 어찌어찌하다가 요행 얻어 만나는 이성 친구는 오래 계속되어 주는 사람은 없었고, 그의 친구들도 모두 옛날 경기 좋은 세월과 달라서 자기네의 경제 문제 해결에도 허덕이는 판이니 거기 덧붙을 수도 없고 — 풀죽은 치마에 굶은 양말, 검정 고무신, 흐트러진 머리칼. 전당질 생활 일 년 뒤에는 그의 모양은 초라하기 짝이 없이 되고, 그 위에 수심과 영양 불량으로 안색까지 초췌하고 야위어서 딴 사람같이 되었다. 물론 하숙 생활을 그만두고 밤 껍질 만한 셋방 하나를 얻어 자취 생활을 하는 지도 오래였으며, 주머니의 시재 결과로써 굶은 끼니도 적지 않았다.

본시부터도 몽상과 공상을 그다지 모르고 지냈지만, 생활고에 부대끼면서부터는 그런 마음의 여유조차 없었다. 이 주머니를 털고는 그 뒤는 무엇으로 먹고 무엇으로 사나 — 딱 눈앞에 닥쳐 있는 이 문제는 다른 생각(근심까지라도)을 할 겨를을 주지를 않았다.

문학? 문학을 박차버린 지는 벌써 오래다. 자신을 잃은 것이었다. 옛날 자기를 에워싼 청년들과 자기 자신의 사이에 지식의 차이를 인정하면서도, 남자와 여자의 사이에는 그만한 차이는 있어도 될 것이다,

이만치 생각하고 불안 가운데서도 스스로 위로하고 안심하고 지냈는데, 그것은 순전히 그의 그릇된 생각이었다.

조선 여류 문사 제일기생인 연실이며 최명애, 송안나, 누구 누구, 이 사람들이 밟은 전철을 경계삼아 출발한 제이기생의 걸음걸이는 훨씬 견

실하였다. 견실한 것이 더 문학적인지 혹은 방종한 것이 더 문학적인지는 잘 모르겠지만, 견실하니만치 더 이지적이요, 이지적이니만치 더 현실적이요, 굳세고 믿음성 있는 것만은 사실이었다.

제일기생들이 '작품 없는 문학 생활'에 골몰할 동안, 제이기생들은 영영공공 습작에 정력을 기울이고 있는 것이었다.

연애도 잃어버리고 문학도 박차버린 연실이는 굶주림을 면하기 위하여 갖은 애를 다 썼다. 그러나 잡힐 물건도 이제는 동이 났고, 연애 수입은 몇 푼 되지도 않거니와 대중도 할 수 없고, 장차는 굶거나 동냥을 하거나 둘 가운데 하나의 길밖에는 남지를 않게 되었다.

어느 편을 취하나? 굶을 수도 없다. 동냥도 차마 못 하겠다. 남은 길은 둘밖에 없는데 둘 다 취할 수가 없었다. 그 밖에는 인생의 최후의 길 — '죽음'이 남아 있을 뿐이었다. 이 막다른 곯에서, 연실이는 비로소 고향 평양에는 부모와 동생이 있다는 일이 생각났다. 음신*조차 끊기기 십 년이나 되매, 혹은 그들 중에는 작고한 사람도 있을는지도 모를 일이다. 그러나 다야 작고하였으랴. 남보다 그래도 혈기가 나을 것이다.

며칠 뒤 연실이는 간신히 차비를 마련해 가지고 평양으로 내려갔다.

24

연실이는 평양서 열흘도 못 있고 도로 서울로 올라왔다.

평양에는 아버지, 적모 다 작고하고, 오라비동생(이복)도 하나만이 아내를 얻어 가지고 순사를 다니고 있었다.

연실이가 행색이라도 좀 나았으면 그래도 좀 대접이 달랐을지도 모르나, 간신히 거지나 면한 듯한 꾀죄죄한 꼴로 들어서고 보니 다시 말할 필

* 음신(音信) 소식이나 편지.

요도 없다.

진실로 불쾌하였다. 전혀 모르는 사람이면 도리어 나을 것이다. 제 손아랫사람에게 마치 거지 같은 대접을 받으면서 간신히 열흘을 참다가 도로 서울로 올라왔다. 이튿날로 곧 돌아서고 싶었으나 불행히 차비가 없어서 못 떠나고 있다가, 길에서 옛날 동무를 만나서 염치를 무릅쓰고 동냥하여 차비를 마련해 가지고 떠나노라는 말도 않고 나와 버렸다. 평양 내려갔던 것이 후회 막급이었다.

동무에게 십 원을 꾸어서 차비를 쓰고, 오륙 원 남은 것을 신주와 같이 귀중히 품고 경성에 다시 발을 내려놓을 때는 눈앞이 아득하였다.

어찌하랴? 그 옛날 커다란 포부와 희망을 품고 동경서 이 곳으로 돌아올 때는 얼마나 희망과 기쁨으로 가슴이 뛰었던가! 그 뒤 수 년간 조선 유일의 여류 문학자로 이 땅을 활보할 때에, 이 땅은 얼마나 아리땁고 향그러웠던고!

겨우 수삼 년 전의 일이다. 같은 땅 같은 사람이다. 그렇거늘……. 천만의 발이 활기 있게 걸음을 재촉하는 길바닥을 풀 없이 걸었다.

안잠이라도 자리라. 부엌데기라도 되리라. 동냥만은 결코 안 하리라. 더욱이 동기네 집의 신세는 안 지리라. 그 사이 열흘 오라비네 집에 있으면서 연실이는 쓴 일 단 일 마다하지 않고 다 하였다. 남의 집에서 그만치 시중해 주었으면 치사받기에 겨를이 없을 것이다.

그렇거늘 동생네 집에서는 일에는 공이 없고 받은 신세는 자세가 된다. 그만큼 속을 쓰고 마음을 쓰고 몸을 쓰면, 왜 배가 고프고 옷이 남루하랴? 내 배를 내가 채우리라. 내 몸을 내가 장식하리라.

동생네 집 열흘에서 갖은 수모 다 받은 연실이는 다시 상경해서 하인살이를 해서라도 독립하여 살고자 굳게 결심하였다.

우선 셋방 하나를 얻어서 몸둘 곳을 장만하고, 그뒤 직업(음악 개인 교수나 일어 교수쯤의 좀 고등한 직업에서 안잠자기, 찻집 등의 낮은 직업에 이르기까지 피하지 않고 다 닥치는 대로)을 구하려고 차표를 역부에게 주고 그 뒤는 오륙 원의 돈과 몸에 걸친 남루한 옷 한 벌밖에는 아무것도 없는 조촐한 몸을 백만 장안으로 끼여들은 것이었다.

집세가 헐한 ○○동 근처로 찾아갔다. '복덕방' 이라는 휘장이 바람에 펄럭이는 것을 들치고 들어서면서 주인을 찾았다.

매달 한 삼 원짜리 사글세의 방 하나를 — 이런 경험이 없기 때문에 몹시 서툴었다. 복덕방 주인은 사십 내외쯤 되는 중늙은이었다. 그는 이 하이칼라 같기도 하고 초라하기도 한 여인을 위아래로 훑어보면서 동저고리 바람으로 나섰다. 연실이는 집주릅의 뒤를 따라서 묵묵히 걸었다. 가면서 생각하였다. 중개인이 몹시 낯익었다. 어디서 많이 본 듯하였다.

"방은 한 달에 삼 원이지만 석 달 월세를 깔아야 합니다."

중개인은 이런 말을 하였다. 그러나 웬 까닭인지 중개인의 뒷모습에 몹시 흥미를 일으키고, 그것이 누구인지 알아 내고야 말겠다는 욕구 때문에 그 말은 듣는 둥 마는 둥 하였다.

방은 보았다. 마음에 드는지 안 드는지도 똑똑히 안 보았다.

그 날 밤, 이 초라한 행색을 쉴 곳도 없어서 경성역 대합실에서 밤을 보내다가, 연실이는 문득 아까 그 중개인의 정체를 알아 내었다

지금부터 수십 년 전 연실이에게 일어를 가르치던 측량쟁이, 열다섯 살 나는 소녀 연실이에게 처음 '이성' 을 알게 한 사나이 — 그 인물의 십수 년 후의 모양이었다. 연실이는 미소하였다. 노엽지도 않았다. 그렇다고 반갑지도 않았다. 웬일인지 미소가 저절로 떠오를 뿐이었다.

"두마라나이 모노테수 응아 토우조(변변찮습니다만, 좀 드십시오)."

그 때 그가 가르치던 괴상야릇한 발음을 입 속으로 한 번 외워 보고, 작은 소리까지 내어서 웃었다.

이튿날 다시 복덕방을 찾아갔다. 기회 보아,

"나 몰라보세요?"

하고 물어 보았다.

"왜 몰라, 김연실이지."

그는 태연히 대답하였다.

"언제 알아보았수?"

"어제 진작 알아봤지."

"그럼 왜 모른 체하셨어요?"

"아는 체하면 뭘 하오?"

딴은 그렇다.

"그래 벌이는 어떠세요?"

"그저 굶지나 않지."

"댁은 어디세요?"

"홀아비도 집이 있나?"

"가엾어라!"

"임자는 왜 혼자서 집을 얻소? 소박 맞았나요?"

"과부두 소박 맞나요?"

"과부라? 시집은 언제 갔었나요?"

"아이, 참 처녀……."

"처녀라? 삼십 처녀…… 가엾어라!"

그 날도 그만치 해 두고 집은 얻는다 안 얻는다 말없이 또 갈리었다.

또 그 이튿날 연실이는 또 갔다. 그 날 이런 말이 있었다.

"과부 홀아비 한 쌍이로구먼……."

"그렇구료!"

"아주 한 쌍 되면 어떨까?"

"것두 무방하지요."

이리하여 여기서는 한 쌍의 원앙이가 생겨났다.

부록

작가와 작품 스터디

● 김동인 (1900~1951, 호는 금동 · 춘사)

김동인은 평안 남도 평양에서 태어났다. 1914년 일본으로 건너가 도쿄 메이지 학원과 가와바타 미술 학교에서 공부했다. 1919년, 도쿄에서 주요한, 전영택, 김환 등과 우리 나라 최초의 문예 동인지인 〈창조〉를 창간하여, 거기에 첫 단편 소설 〈약한 자의 슬픔〉을 발표했다.

귀국 후에는 본격적인 작품 활동에 들어가, 〈목숨〉, 〈배따라기〉, 〈명문〉, 〈감자〉 등의 뛰어난 작품을 잇따라 발표했다. 그는 당시 이광수 등이 추구했던 계몽주의적인 경향의 작품들을 비판하고, 문학의 예술성과 순수성을 추구하고자 노력했다. 때문에 이상적인 주인공이 등장하는 계몽주의 소설과는 달리, 그의 소설 속에 등장하는 주인공들은 비열하고 추악한 인간의 본성을 그대로 드러내고 있다.

한때 사업과 결혼에 실패하고 방탕한 생활을 했으나, 다시 창작에 힘써 1929년 최초의 장편 역사 소설 〈젊은 그들〉을 〈동아 일보〉에 연재했다. 또, 장편 〈대평행〉을 〈중외 일보〉에 연재하는 한편, 〈근대 소설고〉를 발표하면서 그의 문학 세계는 그 깊이와 폭을 더해 갔다.

1930년대 초에는 〈광염 소나타〉, 〈광화사〉, 〈발가락이 닮았다〉, 〈붉은 산〉, 〈적막한 저녁〉과 같은 역작을 발표했으며, 1934년에는 유명한 평론집 〈춘원 연구〉를 내놓았다.

광복 후 1946년, 새로운 결심으로 장편 〈을지문덕〉을 연재하다가 뇌막염으로 중단했고, 6 · 25 전쟁 중 가족이 피난간 사이에 사망했다.

김동인은 자연주의 문학을 확립하고, 본격적인 단편 소설의 기반을 세워, 우리 나라 신문학사상 가장 선구적인 소설가의 한 사람으로 꼽히고 있다. 그의 문학과 업적을 기리기 위하여 '동인 문학상' 이 제정되었다.

● **감자** 복녀는 돈에 팔려 시집을 가서 구걸을 하며 살아가게 된다. 그 후 송충이 퇴치 작업 인부로 뽑힌 복녀는 열심히 일한다. 어느 날 그녀는 아낙들이 웃고 놀면서도 자기보다 훨씬 많은 품삯을 받는 것을 보게 된다. 복녀도 감독에게 몸을 더럽히고 다른 아낙들처럼 놀게 된다. 가을에는 중국인 감자밭에 도둑질을 하며 드나든다. 감자를 훔쳐 달아나려는 순간 왕 서방에게 붙잡히고 왕 서방에게 몸을 더럽힌다. 왕 서방의 결혼식 날 찾아간 복녀는 행패를 부리고 결국 죽게 된다. 다음 날 왕 서방은 복녀의 남편과 한의사에게 돈을 준다. 복녀는 뇌일혈로 죽었다는 진단을 받는다.

● **눈을 겨우 뜰 때** 평양 기생 금패는 사월 파일 날 불놀이에 나섰다가 여학생들의 말을 듣고 실의에 빠진다. 또한 자신을 사모하던 A가 얼어 죽은 것을 보고 처음으로 죽음에 관해 깊이 고민하게 된다. 그 후 그녀는 근심과 한숨이 늘어만 간다. 기생의 처지에 대해서도 많은 고민이 생긴다. 사람은 죽음에서 자유로울 수 없다는 것이 끊임없이 그녀를 괴롭힌다.

● **광화사** 인왕산에 산보를 나온 '여'가 만들어 낸 이야기이다. 솔거는 천재적인 화가지만 얼굴이 매우 추하다. 그래서 산 속에 들어와 숨어서 그림을 그린다. 그러던 중 소경 처녀를 만나고, 그녀에게 매력을 발견한다. 솔거는 처녀를 그리고, 부부의 인연을 맺는다. 미인도의 눈동자를 그리려 하나 여의치 않자 솔거는 미쳐 버린다. 그리고 쓸쓸히 죽게 된다. 공상 끝에 '여'는 자리에서 일어난다.

● **붉은 산** 조선인 소작인만 사는 만주의 어느 마을에 '삵'이라는 별명의 청년이 있는데 그는 흉악한 생김새처럼 성격도 사납다. 모든 마을 사람들의 손가락질을 받으며 지내던 어느 날, 송 첨지의 복수를 위해 중국인 지주의 집에 갔다가 죽음을 당하게 된다. 죽기 전에 그는 '붉은 산과 흰 옷이 보고 싶다.'고 말한다. 모두 곁에서 애국가를 부른다.

논술 가이드

〈감자〉의 한 대목입니다. 제시문을 읽고 다음 문제에 답하시오.

[문항 1]

> 복녀의 송장은 사흘이 지나도록 무덤으로 못 갔다. 왕 서방은 몇 번을 복녀의 남편을 찾아갔다. 복녀의 남편도 때때로 왕 서방을 찾아갔다. 둘의 사이에는 무슨 교섭하는 일이 있었다.
>
> 사흘이 지났다. 밤중에 복녀의 시체는 왕 서방의 집에서 남편의 집으로 옮겼다. 그리고 시체에는 세 사람이 둘러 앉았다.
>
> (중략)
>
> 이튿날 복녀의 시체는 뇌일혈로 죽었다는 한방의 진단으로 공동 묘지로 가져갔다.

(1) 윗글에서 왕 서방과 복녀의 남편은 복녀의 시체를 한동안 방치해 두다가 사흘이 지난 뒤에야 겨우 공동 묘지로 옮기게 됩니다. 왕 서방과 복녀의 남편이 시체를 놓고 시간을 끈 이유는 무엇일까요? 서술해 봅시다.

----

(2) 복녀의 시체를 하나의 물건으로 취급하는 세 사람의 행동을 보고 복녀의 입장에서 그들의 행동에 대한 의견을 말해 봅시다.

〈눈을 겨우 뜰 때〉의 두 대목입니다. 제시문을 읽고 다음 문제에 답하시오.
[문항 2]

“옷이나 잘 닙으면 멀 해. 너 이제 십 년만 디내 봐라. 데것들의 꼴이 뭐이 되나. 미처 시집두 못 가구, 구주주하게…….” (중략) 설혹 기억을 한다 하여도 가장 변변치 않은 이야기를 한 마디 하였다 하는 이상은 기억지 않을 테지. 그러나 그 이야기가 금패에게는 날카로운 송곳보다도 뾰족한 끝이 있었다.

그의 눈물, 그것은 다만 술 때문이 아니었다. 잠깐 그림자를 감추었던 온갖 슬픔은 미친 바람과 같이 그의 마음에 떠올랐다. 뿐만 아니라, 그 슬픔은 다른 때와 달라서 어망처망하게 크게 된 대규모의 슬픔이었다. 그리고 한 가지씩 순서 있게 나오는 슬픔이 아니고, 여러 십 가지의 슬픔이 함께 얽힌 범벅의 슬픔이었다.

(1) 첫번째 글에서 금패는 여학생들이 하는 말을 듣고 마음 깊이 상처를 새기게 됩니다. 여학생들이 십 년 후라고 말한 뜻과 금패가 그 말을 잊지 못하는 이유는 무엇인지 서술해 봅시다.

(2) 두 번째 글에서 금패가 눈물을 흘린 이유는 무엇일까요? 첫번째 글에서 여학생들이 했던 말과 연관해서 서술해 봅시다.

〈광화사〉의 두 대목입니다. 제시문을 읽고 다음 문제에 답하시오.

[문항 3]

> 궁녀를 못 본 바가 아니었다.
>
> 마치 여기 숨어 있는 화공에게 선보이려는 듯이 나날이 궁녀들은 번갈아 왔다. 한 떼씩 밀려와서는 옷소매 치맛자락을 펄럭이며 뽕을 따갔다. 한 달 동안에 합계 사오십 명의 궁녀를 보았다.
>
> 모두 일률로 미녀들이었다. 그리고 길가 우물가에서 허투루 볼 수 있는 미녀들보다 고아한 얼굴임에 틀림이 없었다.
>
> 그러나 그 눈. 화공의 보는 바는 눈이었다.

> 수일 후부터 한양성 내에는 괴상한 여인의 화상을 들고 음울한 얼굴로 돌아다니는 늙은 광인 하나가 생겼다. 그의 내력을 아는 사람이 없었고, 그의 근본을 아는 사람이 없었다. 그 괴상한 화상을 너무도 소중히 여기므로 사람들이 보고자 하면 그는 기를 써서 보이지 않고 도망하여 버리곤 한다.
>
> 이렇게 수년간을 방황하다가 어떤 눈보라 치는 날 돌베개를 베고 그의 일생을 마감하였다. 죽을 때도 그는 그 족자는 깊이 품에 품고 죽었다.

(1) 첫번째 글에서 솔거는 미인을 찾아서 매일 상원에 가지만 뜻하는 바를 얻지 못합니다. 솔거가 찾는 미인은 어떤 사람일까요? 설명해 봅시다.

---

(2) 두 번째 글에서 솔거는 그림을 완성하지만 결국 미쳐 버립니다. 솔거가 미치게 된 이유와, 끝까지 화상을 품고 있으며 다른 이들에게 보여 주지 않는 이유는 무엇일까요? 설명해 봅시다.

〈붉은 산〉의 한 대목입니다. 제시문을 읽고 다음 문제에 답하시오.
[문항 4]

“보구 싶어요. 붉은 산이…… 그리고 흰 옷이!” 아아, 죽음에 임하여 그는 고국과 동포가 생각난 것이었다. 여는 힘있게 감았던 눈을 고즈넉이 떴다. 그 때에 삵의 눈도 번쩍 뜨이었다. 그는 손을 들려고 하였다. 그러나 이미 부러진 그의 손은 들리지 않았다. 그는 머리를 돌이키려 하였다. 그러나 힘이 없었다. (중략) “선생님, 노래를 불러 주세요. 마지막 소원…… 노래를 해 주세요. 동해물과 백두산이 마르고 닳도록…… .”

(1) 마을 사람들이 늘 경계하며 두려워하던 삵은 어느 날 의사가 하던 말을 듣고 중국인 지주의 집을 찾아갑니다. 과거 그의 행동과 비교하며, 그가 지주의 집을 찾아간 이유와 그런 행동을 하게 된 이유를 각각 설명해 봅시다.

---

(2) 삵은 죽기 전에 붉은 산과 흰 옷이 보고 싶다고 말합니다. 여기서 붉은 산과 흰 옷이 뜻하는 것은 무엇일까요? 마지막에 부른 애국가와 연관지어 각자의 생각을 말해 봅시다.

〈베스트 논술 한국대표문학〉(전60권) 목록

권별	작품	작가
1	무정 I	이광수
2	무정 II	이광수
3	무명 · 꿈 · 옥수수 · 할멈	이광수
4	감자 · 시골 황 서방 · 광화사 · 붉은 산 · 김연실전 외	김동인
5	발가락이 닮았다 · 왕부의 낙조 · 전제자 · 명문 외	김동인
6	배따라기 · 약한 자의 슬픔 · 광염 소나타 외	김동인
7	B사감과 러브레터 · 서투른 도적 · 술 권하는 사회 · 빈처 외	현진건
8	운수 좋은 날 · 까막잡기 · 연애의 청산 · 정조와 약가 외	현진건
9	벙어리 삼룡이 · 뽕 · 젊은이의 시절 · 행랑 자식 외	나도향
10	물레방아 · 꿈 · 계집 하인 · 별을 안거든 우지나 말 걸 외	나도향
11	상록수 I	심훈
12	상록수 II	심훈
13	탈춤 · 황공의 최후 / 적빈 · 꺼래이 · 혼명에서 외	심훈 / 백신애
14	태평 천하	채만식
15	레디메이드 인생 · 순공 있는 일요일 · 쑥국새 외	채만식
16	명일 · 미스터 방 · 민족의 죄인 · 병이 낫거든 외	채만식
17	동백꽃 · 산골 나그네 · 노다지 · 총각과 맹꽁이 외	김유정
18	금 따는 콩밭 · 봄봄 · 따라지 · 소낙비 · 만무방 외	김유정
19	백치 아다다 · 마부 · 병풍에 그린 닭이 · 신기루 외	계용묵
20	표본실의 청개구리 · 두 파산 · 이사 외 / 모범 경작생	염상섭 / 박영준
21	탈출기 · 홍염 · 고국 · 그믐밤 · 폭군 · 박돌의 죽음 외	최서해
22	메밀꽃 필 무렵 · 낙엽기 · 돈 · 석류 · 들 · 수탉 외	이효석
23	분녀 · 개살구 · 산 · 오리온과 능금 · 가을과 산양 외	이효석
24	무녀도 · 역마 · 까치 소리 · 화랑의 후예 · 등신불 외	김동리
25	하수도 공사 / 지맥 / 그 날의 햇빛은 · 갈가마귀 그 소리	박화성 / 최정희 / 손소희
26	지하촌 · 소금 · 원고료 이백 원 외 / 경희	강경애 / 나혜석
27	제3인간형 / 제일과 제일장 외 / 사랑 손님과 어머니 외	안수길 / 이무영 / 주요섭
28	날개 · 오감도 · 지주 회시 · 환시기 · 실화 · 권태 외	이상
29	봉별기 · 종생기 · 조춘점묘 · 지도의 암실 · 추등잡필	이상
30	화수분 외 / 김 강사와 T교수 · 창랑 정기 / 성황당	전영택 / 유진오 / 정비석

권별	작품	작가
31	민촌 / 해방 전후 · 달밤 외 / 과도기 · 강아지	이기영 / 이태준 / 한설야
32	소설가 구보씨의 일일 / 장삼이사 · 비오는 길 / 석공 조합 대표 / 낙동강 · 농촌 사람들 · 저기압	박태원 / 최명익 송영 / 조명희
33	모래톱 이야기 · 사하촌 외 / 갯마을 / 혈맥 / 전황당인보기	김정한 / 오영수 / 김영수 / 정한숙
34	바비도 외 / 요한 시집 / 젊은 느티나무 외 / 실비명 외	김성한 / 장용학 / 강신재 / 김이석
35	잉여 인간 / 불꽃 / 꺼삐딴 리 · 사수 / 연기된 재판	손창섭 / 선우휘 / 전광용 / 유주현
36	탈향 외 / 수난 이대 외 / 유예 / 오발탄 외 / 4월의 끝	이호철/ 하근찬/ 오상원/ 이범선/ 한수산
37	총독의 소리 / 유형의 땅 / 세례 요한의 돌	최인훈 / 조정래 / 정을병
38	어둠의 혼 / 개미귀신 / 무진 기행 · 서울 1964년 겨울 외	김원일 / 이외수 / 김승옥
39	뫼비우스의 띠 / 악령 / 식구 관촌 수필 / 기억 속의 들꽃 / 젊은 날의 초상	조세희 / 김주영 / 박범신 이문구 / 윤흥길 / 이문열
40	김소월 시집	김소월
41	윤동주 시집	윤동주
42	한용운 시집	한용운
43	한국 고전 시가와 수필	유리왕 외
44	한국 대표 수필선	김진섭 외
45	한국 대표 시조선	이규보 외
46	한국 대표 시선	최남선 외
47	혈의 누 · 모란봉	이인직
48	귀의 성	이인직
49	금수 회의록 · 공진회 / 추월색	안국선 / 최찬식
50	자유종 · 구마검 / 애국부인전 / 꿈하늘	이해조 / 장지연 / 신채호
51	삼국유사	일연
52	금오신화 / 홍길동전 / 임진록	김시습 / 허균 / 작자 미상
53	인현왕후전 / 계축일기	작자 미상
54	난중일기	이순신
55	흥부전 / 장화홍련전 / 토끼전 / 배비장전	작자 미상
56	춘향전 / 심청전 / 박씨전	작자 미상
57	구운몽 · 사씨 남정기	김만중
58	한중록	혜경궁 홍씨
59	열하일기	박지원
60	목민심서	정약용

〈베스트 논술 한국대표문학〉에 실린 소설과 교과서 대조표

* 〈베스트 논술 한국대표문학〉에 실린 소설과 현행 국어 · 문학 18종 교과서의 수록 내용을 비교 · 분석하였다.

● 초등 학교 교과서(국어)

금오신화, 구운몽, 심청전,
흥부전, 토끼전, 박씨전,
장화홍련전, 홍길동전

● 국정 교과서

작품	작가	교과목
고향	현진건	고등 학교 문법
동백꽃	김유정	중학교 국어 2-1, 중학교 국어 3-1
벙어리 삼룡이	나도향	중학교 국어 1-1
봄봄	김유정	고등 학교 국어(상)
사랑 손님과 어머니	주요섭	중학교 국어 2-1
오발탄	이범선	중학교 국어 3-1
운수 좋은 날	현진건	중학교 국어 3-1

● 고등 학교 문학 교과서

작품	작품	출판사
감자	김동인	교학, 지학, 디딤돌, 상문
갯마을	오영수	문원, 형설
고향	현진건	두산, 지학, 청문, 중앙, 교학, 문원, 민중, 블랙, 디딤돌
관촌 수필	이문구	지학, 문원, 블랙
광염 소나타	김동인	천재, 태성
금 따는 콩밭	김유정	중앙
금수회의록	안국선	지학, 문원, 블랙, 교학, 대한, 태성, 청문, 디딤돌
김 강사와 T교수	유진오	중앙
까마귀	이태준	민중
꺼삐딴 리	전광용	지학, 중앙, 두산, 블랙, 디딤돌, 천재, 케이스
날개	이상	문원, 교학, 중앙, 민중, 천재, 형설, 청문, 태성, 케이스
논 이야기	채만식	두산, 상문, 중앙, 교학
닳아지는 살들	이호철	천재, 청문
동백꽃	김유정	금성, 두산, 블랙, 교학, 상문, 중앙, 지학, 태성, 형설, 디딤돌, 케이스
두 파산	염상섭	문원, 상문, 천재, 교학
등신불	김동리	중앙, 두산
만무방	김유정	민중, 천재, 두산
메밀꽃 필 무렵	이효석	금성, 상문, 중앙, 교학, 문원, 민중, 블랙, 디딤돌, 지학, 청문, 천재, 케이스
모래톱 이야기	김정한	디딤돌, 교학, 문원
모범경작생	박영준	중앙
뫼비우스의 띠	조세희	두산, 블랙
무녀도	김동리	천재, 지학, 청문, 금성, 문원, 민중, 케이스

작품	작가	출판사
무정	이광수	디딤돌, 금성, 두산, 교학, 한교
무진기행	김승옥	두산, 천재, 태성, 교학, 문원, 민중, 케이스
바비도	김성한	민중, 상문
배따라기	김동인	상문, 형설, 중앙
벙어리 삼룡이	나도향	민중
복덕방	이태준	블랙, 교학
봄봄	김유정	디딤돌, 문원
붉은 산	김동인	중앙
B사감과 러브레터	현진건	교학
사랑 손님과 어머니	주요섭	중앙, 디딤돌, 민중, 상문
사수	전광용	두산
사하촌	김정한	중앙, 문원, 민중
산	이효석	문원, 형설
서울, 1964년 겨울	김승옥	문원, 블랙, 천재, 교학, 지학, 중앙
성황당	정비석	형설
소설가 구보씨의 일일	박태원	중앙, 천재, 교학, 대한, 형설, 문원, 민중
수난 이대	하근찬	교학, 지학, 중앙, 문원, 민중, 디딤돌, 케이스
애국부인전	장지연	지학, 한교
어둠의 혼	김원일	천재
역마	김동리	교학, 두산, 천재, 태성, 형설, 상문, 디딤돌
역사	김승옥	중앙
오발탄	이범선	교학, 중앙, 금성, 두산
요한 시집	장용학	교학
운수 좋은 날	현진건	금성, 문원, 천재, 지학, 민중, 두산, 디딤돌, 케이스
유예	오상원	블랙, 천재, 중앙, 교학, 디딤돌, 민중
자유종	이해조	지학, 한교
장삼이사	최명익	천재
전황당인보기	정한숙	중앙
젊은 날의 초상	이문열	지학
젊은 느티나무	강신재	블랙, 중앙, 문원, 상문
제일과 제일장	이무영	중앙
치숙	채만식	문원, 청문, 중앙, 민중, 상문, 케이스
탈출기	최서해	형설, 두산, 민중
탈향	이호철	케이스
태평 천하	채만식	지학, 금성, 블랙, 교학, 형설, 태성, 디딤돌
표본실의 청개구리	염상섭	금성
학마을 사람들	이범선	민중
할머니의 죽음	현진건	중앙
해방 전후	이태준	천재
혈의 누	이인직	천재, 금성, 민중, 교학, 태성, 청문
홍염	최서해	상문, 지학, 금성, 두산, 케이스
화수분	전영택	태성, 중앙, 디딤돌, 블랙

〈베스트 논술 한국대표문학〉에 실린 시와 교과서 대조표

* 〈베스트 논술 한국대표문학〉에 실린 시와 현행 국어 · 문학 18종 교과서의 수록 내용을 비교 · 분석하였다.

작품	작가	출판사
가는 길	김소월	지학, 블랙, 민중
가을의 기도	김현승	블랙
겨울 바다	김남조	지학
고향	백석	형설
국경의 밤	김동환	지학, 천재, 금성, 블랙, 태성
국화 옆에서	서정주	민중
귀천	천상병	지학, 디딤돌
귀촉도	서정주	지학
그 날이 오면	심훈	지학, 블랙, 교학, 중앙
그대들 돌아오시니	정지용	두산
그 먼 나라를 알으십니까	신석정	교학, 대한
껍데기는 가라	신동엽	지학, 천재, 금성, 블랙, 교학, 한교, 상문, 형설, 청문
꽃	김춘수	금성, 문원, 교학, 중앙, 형설
끝없는 강물이 흐르네	김영랑	디딤, 교학
나그네	박목월	천재, 블랙, 중앙, 한교
나룻배와 행인	한용운	문원, 블랙, 대한, 형설
남신의주 유동 박시봉방	백석	지학, 두산, 상문

작품	작가	출판사
남으로 창을 내겠소	김상용	지학, 한교, 상문
내 마음은	김동명	중앙, 상문
내 마음을 아실 이	김영랑	한교
농무	신경림	지학, 디딤, 금성, 블랙, 교학, 형설, 청문
누가 하늘을 보았다 하는가	신동엽	두산
눈길	고은	문원
님의 침묵	한용운	지학, 천재, 두산, 교학, 민중, 한교, 태성,디딤돌
떠나가는 배	박용철	지학, 한교
머슴 대길이	고은	디딤돌, 천재
먼 후일	김소월	청문
모란이 피기까지는	김영랑	지학, 천재, 금성, 형설
목계 장터	신경림	문원, 한교, 청문
목마와 숙녀	박인환	민중
바다와 나비	김기림	금성, 블랙, 한교, 대한, 형설
바위	유치환	금성, 문원, 중앙, 한교
별 헤는 밤	윤동주	문원, 민중
봄은 간다	김억	한교, 교학
봄은 고양이로다	이장희	블랙

작품	작가	출판사
불놀이	주요한	금성, 형설
빼앗긴 들에도 봄은 오는가	이상화	지학, 천재, 문원, 블랙, 디딤돌, 중앙
산 너머 남촌에는	김동환	천재, 블랙, 민중
산유화	김소월	두산, 민중
살아 있는 것이 있다면	박인환	대한, 교학
살아 있는 날은	이해인	교학
생명의 서	유치환	한교, 대한
샤갈의 마을에 내리는 눈	김춘수	지학, 블랙, 태성
서시	윤동주	디딤돌, 민중
설일	김남조	교학
성묘	고은	교학
성북동 비둘기	김광섭	지학
쉽게 씌어진 시	윤동주	지학, 디딤돌, 중앙
승무	조지훈	지학, 디딤돌, 금성
알 수 없어요	한용운	중앙, 대한
어서 너는 오너라	박두진	디딤돌, 금성, 한교, 교학
오감도	이상	디딤돌, 대한
와사등	김광균	민중
우리가 물이 되어	강은교	지학, 문원, 교학, 형설, 청문, 디딤돌
우리 오빠의 화로	임화	디딤돌, 대한
울음이 타는 가을 강	박재삼	지학, 교학
자수	허영자	교학

작품	작가	출판사
자화상	노천명	민중
절정	이육사	지학, 천재, 금성, 두산, 문원, 블랙, 교학, 태성, 청문, 디딤돌
접동새	김소월	교학, 한교
조그만 사랑 노래	황동규	문원, 중앙
즐거운 편지	황동규	지학, 형설, 청문
진달래꽃	김소월	천재, 태성
청노루	박목월	지학, 문원, 상문
초토의 시 8	구상	지학, 천재, 두산, 상문, 태성
초혼	김소월	디딤돌, 금성, 문원
타는 목마름으로	김지하	디딤돌, 금성, 문원, 민중
풀	김수영	지학, 금성, 민중, 한교, 태성
프란츠 카프카	오규원	천재, 태성
피아노	전봉건	태성
해	박두진	두산, 블랙, 민중, 형설
해에게서 소년에게	최남선	지학, 천재, 금성, 두산, 문원, 민중, 한교, 대한, 형설, 태성, 청문, 디딤돌
향수	정지용	지학, 문원, 블랙, 교학, 한교, 상문, 청문, 디딤돌

〈베스트 논술 한국대표문학〉에 실린 시조와 교과서 대조표

* 〈베스트 논술 한국대표문학〉에 실린 시조와 현행 국어 · 문학 18종 교과서의 수록 내용을 비교 · 분석하였다.

작품	작가	출판사
가노라 삼각산아	김상헌	교학, 형설
가마귀 눈비 맞아	백팽년	교학
가마귀 싸우는 골에	정몽주 어머니	교학
강호 사시가	맹사성	디딤돌, 두산, 교학
고산구곡	이이	한교
공명을 즐겨 마라	김삼현	지학
구름이 무심탄 말이	이존오	천재
국화야 너난 어이	이정보	블랙
녹초 청강상에	서익	지학
농암가	이현보	민중
뉘라서 가마귀를	박효관	교학
님 그린 상사몽이	박효관	천재
대추볼 붉은 골에	황희	중앙
도산 십이곡	이황	디딤돌, 블랙, 민중, 형설, 태성
동짓달 기나긴 밤을	황진이	지학, 천재, 금성, 두산, 문원, 교학, 상문, 대한
마음이 어린후니	서경덕	지학, 금성, 블랙, 한교
말없는 청산이요	성혼	지학, 천재
방안에 혔는 촉불	이개	천재, 금성, 교학
백구야 말 물어보자	김천택	지학
백설이 자자진 골에	이색	지학
삭풍은 나무끝에	김종서	중앙, 형설
산촌에 눈이 오니	신흠	지학
삼동에 베옷 닙고	조식	지학, 형설
산인교 나린 물이	정도전	천재
수양산 바라보며	성삼문	천재, 교학
십년을 경영하여	송순	지학, 금성, 블랙, 중앙, 한교, 상문, 대한, 형설
어리고 성긴 매화	안민영	형설
어부사시사	윤선도	금성, 문원, 민중, 상문, 대한, 형설, 청문
오리의 짧은 다리	김구	청문
오백년 도읍지를	길재	블랙, 청문
오우가	윤선도	형설
이몸이 죽어가서	성삼문	지학, 두산, 민중, 대한, 형설
이시렴 부디 갈다	성종	지학
이화에 월백하고	이조년	디딤돌, 천재, 두산
이화우 흣뿌릴 제	계랑	한교
재너머 성권농 집에	정철	천재, 형설
천만리 머나먼 길에	왕방연	문원, 블랙
청산리 벽계수야	황진이	지학
추강에 밤이 드니	월산대군	천재, 금성, 민중
춘산에 눈녹인 바람	우탁	디딤돌
풍상이 섞어 친 날에	송순	지학, 청문
한손에 막대 잡고	우탁	금성
훈민가	정철	지학, 금성
흥망이 유수하니	원천석	천재, 중앙, 한교, 디딤돌, 대한

〈베스트 논술 한국대표문학〉에 실린 수필과 교과서 대조표

* 〈베스트 논술 한국대표문학〉에 실린 수필과 현행 국어 · 문학 18종 교과서의 수록 내용을 비교 · 분석하였다.

작품	작가	출판사
가난한 날의 행복	김소운	천재
가람 일기	이병기	지학
구두	계용묵	디딤돌, 문원, 상문, 대한
그믐달	나도향	블랙, 태성
꼴찌에게 보내는 갈채	박완서	태성
나무	이양하	상문
나무의 위의	이양하	문원, 태성
낭객의 신년 만필	신채호	두산, 블랙, 한교
딸깍발이	이희승	지학, 디딤돌, 청문
멋없는 세상 멋있는 사람	김태길	중앙
무궁화	이양하	디딤돌
백설부	김진섭	지학, 천재, 형설, 태성, 청문
생활인의 철학	김진섭	지학, 태성
수필	피천득	지학, 천재, 한교, 태성, 청문
수학이 모르는 지혜	김형석	청문
슬픔에 관하여	유달영	문원, 중앙
웃음설	양주동	교학, 태성
은전 한 닢	피천득	금성, 대한
이야기	피천득	지학, 청문
인생의 묘미	김소운	지학
지조론	조지훈	블랙, 한교
청춘 예찬	민태원	금성, 블랙
특급품	김소운	교학
폭포와 분수	이어령	지학, 블랙
피딴 문답	김소운	디딤돌, 금성, 한교
행복의 메타포	안병욱	교학
헐려 짓는 광화문	설의식	두산

베스트 논술 한국 대표문학 ❹

감자

지은이 김동인
펴낸이 류성관
펴낸곳 SR&B(새로본닷컴)
주 소 서울특별시 마포구 망원동 463-2번지
전 화 02)333-5413
팩 스 02)333-5418
등 록 제10-2307호
인 쇄 만리 인쇄사